메인에듀 텔레마케팅관리사 연구회 편저

텔레마케팅
관리사
텔레마케팅
실무 실기 2차

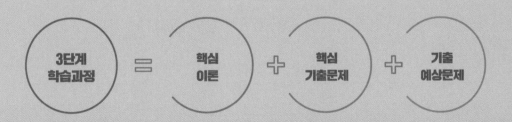

3단계 학습과정 = 핵심 이론 + 핵심 기출문제 + 기출 예상문제

동영상 강의 mainedu.co.kr

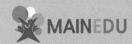
MAINEDU

머리말

서비스 경제(Service Economy)로 진입하고 있는 현재의 우리가 맞이할 사회·경제·문화적 변화는 상상을 초월할 것이라 생각합니다.

빠른 변화를 감지하고 이에 대응할 수 있는 경쟁력을 갖추는 것이 앞으로 맞이하게 될 변화의 대한 준비가 아닐까 생각해봅니다.

과학기술의 발달과 AI(인공지능), 인간을 대체할 로봇의 등장이 인간의 하드웨어적(Hardware)영역은 대체할 수 있겠지만 휴먼(Human)만이 제공할 수 있는 감정(Emotion, Feel)은 결코 대신할 수 없을 것입니다.

텔레마케팅 관리사라는 국가기술자격시험을 준비하는 여러분들 역시 미래에 대한 준비를 철저히 하고 있는 선두적인 리더들입니다.

수많은 (고객)관계속에서 우리가 제공해야 할 마인드(Mind)와 자세(Attitude) 그리고 마음(Heart)는 비단 자격증 취득의 목표 뿐만 아니라 서비스 경제에서 필요한 자신만의 경쟁력을 갖추는데 중요한 발판이 될 것입니다.

마케팅이란 우리가 제공하는 상품·서비스를 고객의 마음에 자리 잡게 만드는 일련의 과정입니다. 유형의 상품보다 더 가치가 큰 무형의 서비스가 결국 마케팅의 성패를 좌우하게 될 것입니다.

필답형으로 이루어진 2차 실기과목의 내용은 1차 필기과목의 주요 내용들을 바탕으로 문제가 출제되며 제시된 아웃바운드와 인바운드 상황에 적합한 스크립트작성을 요하고 있습니다. 따라서 본 교재는 실기 범위 안에서 가장 핵심적이며 중요한 부분에 대한 이해와 체계적 학습을 위해 일목요연하게 구성되어 있습니다.

마지막으로 수 년간 출제되었던 기출문제들을 분석한 결과를 바탕으로 만든 기출 예상문제를 통해서 필답형 문제를 풀어나감에 있어서 어디에도 부족함 없이 탄탄한 실력을 갖추어 나가시길 바랍니다.

텔레마케팅 관리사 자격증 취득이 여러분들의 미래를 준비하는데 하나의 성공경험이 되기를 바라며 이를 시작으로 꿈이 현실의 가능성이 될 수 있기를 진심으로 응원하겠습니다.

편지자

1. 텔레마케팅관리사(Telemarketing Administrator)

전문지식을 바탕으로 컴퓨터를 결합한 정보통신기술을 활용해 고객에게 필요한 정보를 즉시 제공하고, 신상품소개, 고객의 고충사항 처리, 시장조사, 인바운드와 아웃바운드 등 다양한 기능을 수행하는 숙련된 기능인력을 양성하기 위해 텔레마케팅관리사 자격제도가 도입되었다.

텔레마케팅관리사는 전문지식과 숙련된 기능을 가지고 고객을 직접 대면 또는 접촉하지 않고 최신 정보통신기술을 활용하여 고객에게 필요한 최신 정보를 제공하며, 신상품 안내, 고객 불편사항 개선, 시장조사, 인바운드와 아웃바운드, 제품을 관리하는 업무 등 다양한 업무를 수행한다.

2. 텔레마케팅 시험정보

① 시행처 : 한국산업인력공단(관련부처: 고용노동부)

② 응시자격 : 제한없음

③ 시험과목

구분	시험과목	시험유형	시험시간
필기 (제1차시험)	1. 판매관리(25문항) 2. 시장조사(25문항) 3. 텔레마케팅 관리(25문항) 4. 고객관리(25문항)	객관식 (100문항)	2시간 30분
실기 (제2차시험)	텔레마케팅 실무	주관식 (필답형)	2시간 30분

④ 합격기준

   - 필기(매 과목 100점 만점) : 매 과목 40점 이상, 전 과목 평균 60점 이상

   - 실기(100점 만점) : 60점 이상

⑤ 출제경향

   - 실기시험은 주관식 시험인 필답형으로 구성

   - 텔레마케팅에 관한 숙련된 기능을 가지고 판매·관리를 할 수 있는 능력의 유무

   - 시장조사, 고객응대와 관련된 업무를 수행할 수 있는 능력의 유무

텔레마케팅 실무

① 인·아웃바운드 마케팅

세부항목	세세항목
1. 인·아웃바운드 스크립트 활용하기	1. 인·아웃바운드 스크립트 개념을 이해하고 설명할 수 있다.
	2. 인·아웃바운드 업무 특성을 이해하여 프로세스를 작성할 수 있다.
	3. 인·아웃바운드 업무 프로세스에 따라 스크립트를 작성할 수 있다.
	4. Role-Playing을 통하여 인·아웃바운드 스크립트를 활용할 수 있다.
	5. 고객 유형과 상황에 적합한 반론 스크립트를 작성하여 활용할 수 있다.
2. 인·아웃바운드 고객 응대하기	1. 경청기법을 이해하여 고객의 니즈를 효과적으로 파악하는 경청기법을 활용할 수 있다.
	2. 고객을 설득할 수 있는 화법들을 습득하여 전문적인 언어표현 기법을 활용할 수 있다.
	3. 국어 활용 능력을 배양하여 국어 표준화법을 준수할 수 있다.

② 고객관리(CRM : Customer Relationship Management)

세부항목	세세항목
1. 고객관계관리(CRM) 비전 설정하기	1. 소비자, 경쟁사 등에 대한 외부환경을 분석할 수 있다.
	2. 자사의 고객에 대한 내부환경을 분석할 수 있다.
	3. CRM 비전을 완성할 수 있다.
2. 고객관계관리(CRM) 전략 수립하기	1. 고객필터링을 할 수 있다.
	2. 고객 마케팅 기획을 할 수 있다.
3. 고객자료 수집하기	1. 자료수집 방법을 선택할 수 있다.
	2. 고객관계 마케팅 자료를 수집할 수 있다.
4. 고객정보 분석하기	1. 고객의 정보를 분석 목적에 따라 구분하여 정리할 수 있다.
	2. 고객의 정보에서 추출해야 할 중요 요소를 구분짓고 결정할 수 있다.
	3. 시계열 분석, 분산 분석 등 다양한 경영통계 분석기법을 통해서 기존 고객 데이터를 분석하고 해석할 수 있다.
5. 고객응대하기	1. 고객 접점에서 발생되는 문제를 해결하기 위하여 고객의 문의에 응대할 수 있다.
	2. 불만 고객 발생 시 고객응대 매뉴얼에 따라 불만요소를 처리할 수 있다.
	3. 고객과의 분쟁 발생 시 유관기관과의 교섭을 통해 문제를 처리할 수 있다.
6. 고객 창출 · 유지하기	1. 고객을 잠재고객, 신규고객, 일반고객, 우량고객, 불량고객 등으로 세분화할 수 있다.
	2. 지속적인 가치제공을 통해 잠재고객을 신규고객으로, 신규고객을 일반고객으로 일반고객을 우량고객으로 전환시키는 등 관계를 유지, 강화할 수 있다.
7. 고객 관련정보 처리하기	1. 인바운드(In-bound) 정보를 처리할 수 있다.
	2. 아웃바운드(Out-bound) 정보를 제공할 수 있다.

③ 마케팅 전략 기회

세부항목	세세항목
1. STP전략 수립하기	1. 고객의 인구통계적 기준, 제품에 대한 편익 기준, 생활양식, 가치관 등의 기준으로 시장을 세분화할 수 있다.
	2. 목표시장을 선정할 수 있다.
	3. 통계적인 방법 활용, 소비자조사 등을 통하여 포지셔닝을 위한 도식화를 할 수 있다.
	4. 포지셔닝을 수립할 수 있다.
2. 제품전략 수립하기	1. 제품특징을 파악할 수 있다.
	2. 제품수명주기를 파악할 수 있다.
	3. 제품별 포트폴리오 분석을 할 수 있다.
	4. 포지셔닝에 부합된 제품전략을 수립할 수 있다.
3. 가격전략 수립하기	1. 제품원가 요인을 분석할 수 있다.
	2. 가격 민감성에 대해 분석할 수 있다.
	3. 손익분석과 가격설정을 할 수 있다.
	4. 경쟁사 대비 가격 포지셔닝을 할 수 있다.
	5. 가격구조를 관리할 수 있다.
4. 유통전략 수립하기	1. 유통채널을 분석할 수 있다.
	2. 유통경로를 설계할 수 있다.
	3. 유통경로를 관리할 수 있다.
5. 촉진전략 수립하기	1. 매체분석을 할 수 있다.
	2. 포지셔닝에 따른 광고매체를 선정할 수 있다.
	3. 판매촉진기법을 적용할 수 있다.

④ 시장조사

세부항목	세세항목
1. 시장조사계획 수립하기	1. 표본추출 설계를 할 수 있다.
	2. 조사방법을 결정할 수 있다.
	3. 조사내용을 결정할 수 있다.
	4. 비용/일정을 계획할 수 있다.
2. 설문지/가이드라인 작성하기	1. 설문형식 및 내용을 구성할 수 있다.
	2. 측정방법과 적합성을 판단 할 수 있다.
	3. 조사목적에 부합하는 설문지를 작성할 수 있다.
3. 자료수집분석 및 활용 하기	1. 조사대상, 조사방법 등 자료를 수집할 수 있다.
	2. 수집한 자료를 조사목적에 맞게 분석할 수 있다.
	3. 조사목적에 부합하는 설문지를 작성할 수 있다.

⑤ 텔레마케팅 관리

세부항목	세세항목
1. 인사 및 성과 관리하기	1. 인사관리에 대해 이해할 수 있다.
	2. 인사관리의 주체에 대해 이해할 수 있다.
	3. 인사관리의 내용을 이해할 수 있다.
	4. 인적자원 계획 및 직무분석을 할 수 있다.
	5. 모집, 선발, 배치와 이동에 대해 이해할 수 있다.
	6. 승진과 인사고과, 보상을 저절히 할 수 있다.
2. 조직 관리하기	1. 조직화의 과정을 이해할 수 있다.
	2. 조직을 설계할 수 있다.
	3. 조직구조의 형태를 이해할 수 있다.
	4. 기업문화를 이해할 수 있다.
	5. 조직의 변화를 이해할 수 있다.
	6. 조직개발을 할 수 있다.
	7. 조직의 갈등관리를 할 수 있다.
	8. 리더십에 대해 이해할 수 있다.
	9. 리더십의 특성이론 및 상황이론을 이해할 수 있다.
	10. 감정노동 스트레스를 관리할 수 있다.

최근 기출문제를 토대로 작성된 최신 출제경향이다.

각 카테고리별 비율을 나타낸 것으로 각 과목별로 먼저 출제경향들을 파악한 후 공부를 하는 것을 추천한다.

〈각 항목별 빈출도〉

〈항목별 핵심 키워드〉

1. 인·아웃바운드 마케팅

리스트 스크리닝, 아웃바운드 텔레마케팅 개념, 스크립트의 필요성, IVR, 교차판매, 텔레커뮤니케이션의 성공요인, 인·아웃바운드 스크립트 순서, ACD 기능, 데이터베이스 마케팅, 역할연기(Role-playing), 충성고객, 서비스 특성

2. 고객관리(CRM)

CRM 분류 유형 3가지, CRM의 특징 3가지, CRM 개념, CRM 프로세스 4단계, RFM, 고객 유형 구분 및 특징(옹호, 가망, 한계), 고객생애가치, 거래적 고객관리와 관계적 고객관리, 고객정보 수집 시점, 사후관리, VOC 효과, 데이터 마이닝

3. 마케팅 전략기획

포지셔닝 전략 유형과 특징, 마케팅믹스 4P, 데이터베이스 마케팅, 제품수명주기, 내부 마케팅과 상호작용 마케팅, 푸시전략, 유통경로, 시장침투가격, 마케팅 개념 변화 단계, 판촉 방법 비교, SWOT분석, STP, 소비자 구매 의사결정과정

4. 시장조사

폐쇄형 VS 개방형 질문 비교, 예비조사, 사전조사, 자유응답형 질문 장단점 비교, 확률표본추출방법, 집단조사 징단짐, 코딩, 측징오차 줄이는 방법, 서열적도, 신뢰성 향상 방법, 리스크 스크리닝, 선화소사, 변섭조사, 우편조사

5. 텔레마케팅 관리

SMART, 고객 콜 대기시간, 목표설정 방법, 모니터링 실행 방법 및 목적, 안정적인 수요 예측 방법, QAA역할, OJT와 Off JT 비교, 리더십, 코칭

텔레마케팅관리사 자격증 2차 실기시험 합격 노하우

1. 100% 주관식, 연필을 잡고 손으로 꾹꾹 눌러서 직접 써보자.

텔레마케팅관리사 2차 실기시험은 필답형 100점으로 60점 이상의 점수를 얻어야 자격증을 최종적으로 취득할 수 있다. 모두 주관식 문제로 눈으로 보았을 때는 아는 것 같아도, 직접 작성해보면 막히는 부분이 있을 수 있으므로 꼭 펜으로 쓰는 훈련을 해야 하며, 맞춤법이 틀릴 경우 감점이 되므로 이에 유의하도록 한다.

2. 문제와 답을 바꿔가며 Remind하기.

예상문제들을 다루면서 단순히 문제의 정답을 맞추는데 그치는 것이 아닌, 답을 문제로 다시 바꾸어 생각해보고 작성해보는 연습이 절대 필요하다. 핵심 키워드에 대한 정확한 이해를 바탕으로 스스로 문제를 만들어보고 답을 써 보는 반복적인 과정이 필요함을 강조한다.

3. 스크립트 유형의 문제를 대하는 마음가짐 '내가 상담사라면..'

2차 실기시험을 준비하면서 콜센터 업무 경험이 없는 수험생들이 가장 부담스러워하는 부분이 바로 스크립트 부분을 작성하는 것이다. 스크립트에 접근할 때는 '내가 상담사라면..'이라는 상황을 가정하여 대화의 흐름을 집중해서 이해하려고 노력해야 한다. 실제로 소리를 내어 여러 번 읽다 보면 스크립트 나름의 규칙이 있다는 점을 알게 될 것이다. 또한 반복적으로 스크립트를 써보고 연습해 본다면 자연스러운 스크립트를 작성할 수 있고, 스크립트 작성의 어려움이 줄어들 것이다.

4. 기출문제의 반복학습이 가장 중요하다!

텔레마케팅관리사 시험에서는 기존의 기출문제가 그대로 출제되거나, 조금씩 변경되어 출제되고 있다. 본 교재에는 챕터별로 출제 가능성이 높은 핵심 기출문제와 최근 기출 내용을 토대로 구성된 기출 예상 문제가 수록되어 있으므로 반드시 직접 풀고, 이해한 후에 실제 시험에 응시하도록 하자. 특히 시험이 얼마 남지 않았다면 이러한 문제들 위주로 공부하면서 개념을 잡고 시험을 준비할 것을 추천한다.

차례

텔레마케팅관리사
- 실기 -

필답형

Chapter 01

인 · 아웃바운드 마케팅

01. 텔레마케팅

1. 텔레마케팅의 정의

1) 텔레마케팅(telemarketing)=텔레커뮤니케이션(telecommunication)+마케팅(marketing)의 합성어이다.

2) 고객을 직접 대면하지 않고 전화나 인터넷 등의 수단을 이용하여 전략적으로 상품과 서 비스를 판매, 홍보함으로써 비용은 절약하고 매출액은 증가시키면서 기업의 이미지를 제고하는 총체적인 활동을 말한다.

2. 텔레마케팅의 장점

(1) 텔레마케팅은 효율적이다.

고객을 직접 만날 경우, 발생되는 비용과 시간을 비교한다면 텔레마케팅은 전화통화로 상담을 진행할 수 있기 때문에 이동 비용이나 시간 등을 절약할 수 있다. 고객 또한 직접 방문하지 않고도 문의사항이나 불만사항을 처리할 수 있어 효율적이다.

(2) 텔레마케팅은 통신수단을 활용한 비대면 커뮤니케이션이다.

주로 전화를 이용하지만 팩스, 이메일, 휴대전화, 문자 등의 수단을 이용하여 상담이 진 행되는 비대면 커뮤니케이션이다. 앞으로 전자기기의 발전이 계속될수록 더욱 다양한 수단 을 이용하여 고객을 만나고 마케팅 활동을 펼칠 것으로 기대된다.

(3) 텔레마케팅은 쌍방향 커뮤니케이션이다.

텔레마케팅은 상담사나 고객 혼자 진행할 수 없고, 반드시 둘이 함께 참여하는 커뮤니케 이션으로 쌍방향으로 진행된다.

(4) 텔레마케팅은 효과 측정이 용이하며, 피드백이 빠르다.

　서로 통화를 하면서 동시에 고객의 반응을 바로 살필 수 있다는 특성이 있다. 비록 비대면 상담으로 고객의 몸짓 등의 신체언어는 파악하기 어려우나, 목소리나 어투, 속도 등의 의사언어를 이용하여 고객의 상태를 파악할 수 있다.

3. 일반적인 텔레마케팅의 전개 과정

기획 → 실행 → 반응 → 측정 → 평가

텔레마케팅 판매 기법

－크로스 셀링(Cross-Selling) : 기존 고객이 구매했던 제품 및 서비스와 상호연계성을 갖거나 유사한 특성을 지닌 다른 제품 및 서비스의 판매를 촉진하는 마케팅 전략이다. 즉, 추가판매를 유도함으로써 고객과의 관계 유지가 가능하며 고객 데이터의 지속적인 업데이트가 필요하다. 이로 인해 기업의 매출 증대에도 영향을 받는다.

－업 셀링(Up-Selling) : 기존에 구매했던 제품 및 서비스보다 업그레이드된 즉, 가격이 더 비싼 제품 및 서비스의 판매를 촉진하는 마케팅 전략이다.

4. 기출 텔레마케팅 관련 용어

Abandoned Call(포기호)

　통화량이 많은 상황으로 콜을 수용할 직원이 없을 때, 고객이 상담을 포기하고 전화를 끊는 것을 말한다.

ACD(Automatic call Distribution)

　상담원에게 균등하게 콜을 분배하는 기능으로, 자동 호(CAll) 분배 시스템이다.

ACD의 기능

① 대기하고 있는 고객을 상담이 종료된 상담사에게 바로 연결해준다.
② 균등한 콜 분배가 가능하다.
③ 대량의 콜 처리가 가능하다.

ARS(Automatic Response System)

자동응답시스템을 말하며, 24시간 연중 서비스를 제공할 수 있다.

Cold Call

이전에 한번도 접촉이 없었던 대상에게 전화하여 상품을 판매하거나 홍보하는 것을 말한다.

Erlang C

고객의 서비스 요청을 받았을 때, 서비스 창구가 모두 통화 중일 경우 이 고객을 대기열에 기억시키고 순서대로 서비스 해주는 시스템으로 이를 통해 상담원 수를 구하기 위한 변수에는 평균통화시간, 평균마무리시간, 예상인입콜수, 목표서비스레벨이 포함된다.

List Cleaning

일정 기간 반응이 없는 고객의 리스트나 입수한 지 상당 기간이 지난 고객 리스트에 대한 데이터를 체계적으로 정리하고 최신 데이터를 체크·관리하는 것을 말한다.

List Screening

기존의 고객 리스트 중에서 판매 목적에 맞는 우량(가망)고객만을 추출하는 것을 말한다.

WFMS(Work Force Management System)

효율적인 업무를 위한 지원 시스템이며 콜 수요 예측과 인력계획을 기반으로 체계적인 업무배분이 가능하도록 도와준다.

IVR(Interactive Voice Response)

콜이 인입되었을 때 자동으로 응답, 서비스가 시작되며 고객 식별을 위한 정보를 입력하게 하는 기능도 한다.

---

*IVR이 제공하는 리포트
① 콜 포기율
② 사용 중인 포트의 비율
③ IVR 시스템의 평균처리 시간
④ 상담사 그룹으로 전송된 콜의 횟수

---

02. 스크립트

1. 스크립트의 정의 및 역할

(1) 텔레마케팅 상담 및 고객설득능력을 숙달하고자 할 때 사용하는 대본으로 텔레마케팅 대화의 기본 매뉴얼이 된다.

(2) 텔레마케팅을 실시하는 데 있어 텔레마케터와 고객과의 대화를 원활하게 하도록 미리 만들어 놓은 대화 대본이다.

> * 문의사항 스크립트(Q&A) – 고객과의 대화에서 발생할 수 있는 각종 질의 응답사항들을 적은 문답집
> * 데이터시트(Date Sheet) – 텔레마케팅에서 스크립트 내용상의 전개에 따른 고객과의 대응 결과 및 상담 내용을 기록하고 적는 개별 장표

2. 스크립트의 필요성

① 상담사의 상담 성과를 크게 향상시킬 수 있다.
② 상황별 꼼꼼한 스크립트는 예기치 못한 고객의 반응에 침착하고 여유있는 상담을 진행할 수 있다.
③ 고객은 표준화된 정보 및 통일된 서비스를 제공받을 수 있다.
④ 전화의 목적을 분명히 하고, 중도 거부를 방지하며, 일관성 있는 상담이 가능하다.
⑤ 콜센터의 시간관리 및 생산관리에 도움을 준다.

3. 스크립트 작성 시 지켜야 할 원칙 5C

① Clear(이해하기 쉬워야 한다.)
② Concise(간단 명료해야 한다.)
③ Convicting(설득력이 있어야 한다.)
④ Conversational(대화가 자연스러워야 한다.)
⑤ Customer – oriented(고객위주로 만들어져야 한다)

4. 인바운드 스크립트의 특징

① 상품의 판매나 주문으로 결부시켜 가는 것이 비교적 쉽다.
② 기업의 이미지 향상 및 고객만족 향상에 크게 공헌할 수 있다.
③ 인바운드 스크립트는 주어진 상황을 잘 반영해야 한다.

5. 아웃바운드 스크립트의 특징

① 비교적 짧은 시간 내에 고객에게 정보를 제공 및 설득해야 하므로, 문장이 짧고 간결해야 한다.
② 고객에게 전화한 목적과 소개하는 상품 및 서비스에 대한 명확한 정보 및 이점이 스크립트에 꼭 포함되어야 한다.
③ 스크립트에 작성된 표현 외에도 상황에 따라 수정한다.
④ 고객 반론이 있을 수 있으므로 반론 극복을 위한 내용도 미리 작성해 놓아야 당황하지 않고, 끝까지 매끄러운 상담을 진행할 수 있다.

6. 텔레마케팅 스크립트의 적절한 활용 방법

① 스크립트를 사전에 충분히 숙지하여 응대한다.
② 고객과의 상담 흐름에 따라 조절하여 사용한다.
③ 스크립트에 작성된 표현 외에도 상황에 따라 수정한다.
④ 스크립트는 정기적으로 검토하여 수정 및 보완한다.

03. 인바운드 텔레마케팅과 아웃바운드 텔레마케팅

1. 인바운드 텔레마케팅(In-bound Telemarketing)

1) 인바운드 텔레마케팅 특성

① 고객주도형 텔레마케팅 형태이다.
② 문의사항 스크립트(Q&A) 활용도가 높다.
③ 기존 고객과의 지속적인 관계를 지속하는 기능을 한다.

④ Pull 전략 기법 : 고객이 자발적으로 기업이 홍보한 제품 및 서비스에 구매의도를 가지고 기업에 전화를 걸어 제품 및 서비스 구매를 하도록 촉진시키는 마케팅 전략이다.

2) 인바운드 텔레마케팅 상담 7단계

* 인바운드 털레마케팅 상담 7단계

업무 전 상담준비 → 전화상담(전화 받기) → 문의내용의 파악(고객니즈의 탐색) → 문의에 대한 해결 → 반론의 극복 → 통화내용의 재확인 → 통화의 종결 및 끝인사
(대체적으로 이 단계대로 7단계로 구성되지만 실제 문제에서는 채점자의 기준에 따라 정답은 달라질 수 있다. 또한 시험에는 6단계 혹은 7단계 등으로 문제가 나올 수 있으니 모두 외워두도록 한다.)

* 인바운드 텔레마케팅 상담 6단계

상담준비 → 전화응대 → 고객 니즈 파악 → 문제해결 → 동의와 확인 → 종결

3) 인바운드 텔레마케팅의 활용 분야

① 각종 문의·불만 대응 : 각 기업의 대표 고객 콜센터, 국가 및 정부기관 민원상담 등
② 판매 촉진 활동 : 홈쇼핑 주문전화, DM이나 신문 등을 이용한 주문 전화, 호텔 예약이나 접수 등
③ 특수, 전문 상담 : 화재나 긴급구조 전화, 위기 가정이나 청소년 상담 전화, 자살방지 상담 전화, 임금 체불 신고전화 등

> 아웃바운드 텔레마케팅은 제품 및 서비스 판매를 중점으로 만들어 놓은 대화 대본인 스크립트의 활용빈도가 높으며 인바운드 텔레마케팅인 고객의 문의 사항에 대한 답변서인 Q&A의 활용빈도가 높다.

2. 아웃바운드 텔레마케팅(Out-bound Telemarketing)

1) 아웃바운드 텔레마케팅의 특성

① 기업주도형 텔레마케팅 형태이다.
② 데이터베이스 마케팅 기법을 활용한다.
③ 공격적이며 수익지향적인 마케팅이다.

④ Push전략 : 주로 인적판매를 이용해서 직접 거래하고 있는 다음 유통 경로 대상자들에게 판매 촉진하는 마케팅 전략을 말한다.

2) 아웃바운드 텔레마케팅 상담 5단계

① 자기소개와 첫인사 → 도입 → 상담진행 → 반론극복 → 마무리 및 끝인사
② 첫인사 → 도입 → 상담진행 → 마무리 및 끝인사 → 통화결과 기록
  * 아웃바운드 판매 절차 5단계
    잠재고객 파악 → 잠재고객 특성 정의 → 스크리닝 → 판매 → 사후 관리
    (채점자의 기준에 따라 정답은 달라질 수 있다.)

3) 아웃바운드 텔레마케팅의 활용 분야

① 비판매 분야 : 앙케이트 조사, 고객만족도 조사, 여론조사, 소비자 인식조사, 해피콜 등
② 판매분야 : 내방객 유치, 기존 고객에 대한 교차판매, 계약 갱신, 반복 구매 촉진 전화 등

> * 해피콜 : 고객과의 관계 개선과 제공받은 서비스의 만족도를 확인하고 고객평생가치를 높이기 위해 서비스 제공 후 실행하는 아웃바운드 텔레마케팅
> * 사후관리(Follow - up)의 중요성
>   기업의 이미지 제고뿐 아니라, 제품의 지속적인 구매를 유도할 수 있다. 또한 상품 및 서비스에 대한 문제점을 찾아 개선할 수 있으며, 고객과의 장기적인 관계를 유지하는 데 큰 도움을 준다.

4) 아웃바운드 텔레마케팅의 성공요인

① 적극적이고 능동적인 마케팅
② 체계적인 사전준비 및 스크립트
③ 텔레마케팅 판매에 적합한 전용 상품 준비
④ 의사소통 능력과 자질을 갖춘 전문 텔레마케터
⑤ 리스트 클리닝 등으로 정확한 고객명단 리스트

04. 인·아웃바운드 스크립트 활용하기

1. 스크립트 작성 원칙

(1) 간단하고 명료하게 작성되어야 한다.

스크립트가 너무 길 경우, 집중력을 분산시켜 상담 효과를 저하시키며, 고객 입장에서도 이해하기 어렵고 통화시간이 많이 소요되어 생산성이 저하될 수 있다.

(2) 상담원이 쉽게 이해할 수 있도록 구성되어야 한다.

고객과의 상담 주체는 상담원이다. 상담원이 쉽게 이해할 수 있도록 구성되어야 하며, 사용하는 단어와 어휘, 구성 등 모두 상담원이 매끄럽게 사용할 수 있도록 구성한다.

(3) 대화가 자연스럽게 이어지도록 회화체로 구성한다.

지나치게 형식적인 표현이나 구성은 상담원뿐 아니라 고객의 자연스럽고 편한 대화를 방해한다. 문맥을 부드럽고 자연스럽게 회화체로 구성하도록 한다.

(4) 논리적으로 작성하여 설득력을 높인다.

유형별 스크립트를 미리 작성해두는 것이 좋으며 특히 고객을 설득하거나 불만을 처리하는 과정에서는 보다 논리적이고 객관적인 사실들을 바탕으로 일관성 있게 작성되어야 효과적이다.

(5) 스크립트 내용이 고객 중심적이어야 한다.

고객의 입장에서 생각하고 고객의 불편을 최소화해야 하며, 문제 해결 중심의 스크립트로 작성되어야 한다. 또한 전문용어 등의 사용은 되도록 지양하며 고객의 이해도를 높여야 한다.

참고

스크립트의 목적(필요성)
- 고객 응대 시 돌발 상황 대처
- 생산성 향상
- 상담 내용의 일관성 부여
- 서비스 표준화
- 텔레마케터들의 능력 향상
- 정확한 효과 측정

---

* 스크립트 작성의 5C 원칙

① Clear : 명확하고 이해하기 쉽게 작성되어야 한다.

② Concise : 간단하고 명료하게 작성되어야 한다.

③ Convincing : 논리적으로 작성되어야 한다.

④ Conversation : 회화체로 구성되어야 한다.

⑤ Customer-oriented : 고객 중심적으로 작성되어야 한다.

2. 인바운드 스크립트 구성

* <u>인바운드 상담 프로세스</u>

업무 전 상담 준비 → 전화상담(전화 받기) → 문의 내용의 파악(고객니즈의 탐색) → 문의에 대한 해결 → 반론의 극복 → 통화내용의 재확인 → 통화의 종결 및 끝인사

(1) 도입부

① 인사 및 자기소개 : 소속과 자기 이름
   예) "함께하는 ○○ 화재, 상담원 ○○○입니다. 안녕하세요, 고객님?"
② 고객 본인 여부 및 정보 확인 : 고객의 이름 및 주소, 연락처 등
   "○○○ 고객님 본인 맞으세요? 정확한 정보를 제공해 드리기 위해 몇 가지 정보 여쭙고 빠르게 확인해 드리겠습니다."

(2) 본문

① 문의내용에 대한 탐색 질문 : 경청/재질문
   예) "가입하신 보험상품의 증권을 분실하셔서 재발급을 요청하신다는 말씀이시죠?"
② 해결방안 제시 및 안내 : 정보 제공 및 대안 제시
   "증권은 총 4가지 방법으로 재발급이 가능하고요. 등기와 일반 우편, 이메일, 팩스로 받으실 수 있는데 어떤 방법이 가장 편하실까요?
③ 상황에 따라 영업 기회 포착 및 진행 : 교차판매 및 신상품 소개
   "고객님, 저희 ○○화재에 가입하신 상품 중에 운전자 보험을 확인해보니 만기가 한 달 뒤로 확인됩니다. 안전하게 보장 받으실 수 있도록 재가입 관련하여 안내를 도와드릴까요?"

(3) 종결

① 통화내용 확인

"고객님, 요청하신 증권은 고객님 댁으로 등기로 신청해드렸고요. 3일 이내에 도착
될 예정입니다."

② 추가 문의 사항 확인

"다른 문의사항은 없으십니까?"

③ 끝인사 : 소속 및 이름

"감사합니다. 상담원 ○○○입니다. 늘 건강하십시오."

3. 아웃바운드 스크립트 구성

* 아웃바운드 상담 프로세스

소개 및 전화 건 목적 전달 → 정보제공 및 고객의 니즈 탐색 → 설명과 설득 → 고객 확
답 → 종결 → 끝인사

(1) 도입부

① 인사 및 자기소개 : 소속과 자기 이름

예) "안녕하십니까, 고객님. ○○ 통신사 상담원 ○○○ 입니다."

② 고객 본인 여부 및 통화 가능 여부 확인

"실례지만, ○○○ 고객님 맞으십니까? 항상 저희 ○○ 통신사를 이용해주셔서 너
무 감사드립니다. 이번에 저희 ○○ 통신사에서 특별 이벤트가 진행되어 전화드렸
는데 잠시 통화 괜찮으십니까?"

(2) 본문

① 요건과 정보의 전달 및 수집

예) "이번에 저희 통신사를 2년 이상 이용하신 고객님들께만 신규 핸드폰으로 기기
변경 해드리면서 특별 할인까지 제공해드리고자 전화드렸습니다. 다른 통신사
로 옮기지 않고, 저희 ○○통신사에서 우량 할인 받으시면서 저렴하게 이용하
실 수 있습니다."

② 탐색질문 및 가치질문

"현재 고객님께서는 저희 ○○통신사에 가입하신지 2년이 지나셨는데요. 기기 사용

하시는 데 불편함은 없으신가요? 기기변경 하실 경우, 현재 납입하시는 금액보다 한달에 3,000원 정도 절약하실 수 있는데 기기변경 하여 이용하시는 것이 어떠신가요?"

③ 고객반론 극복

"물론, 말씀처럼 최신폰이 굳이 필요 없으시더라도 지금보다 매월 3,000원 할인된 금액으로 이용하실 수 있는 좋은 기회입니다."

(3) 종결

① 판매 성공 시 : 고객 의사결정 내용 확인

"기기변경으로 계속해서 저희 통신사 이용해주셔서 정말 감사드립니다."

② 거절 시 : 통화에 대한 감사 및 지속적인 관심 및 유지 부탁

"바쁜 시간 내주셔서 정말 감사 드리고요. 해당 이벤트 기기변경에 대한 문의사항 있으시면 언제든지 연락 부탁드립니다."

③ 끝인사 : 소속 및 이름

"감사합니다. 상담원 ○○○입니다. 좋은 하루 보내세요."

4. 스크립트 작성 훈련

(1) 경청 및 공감 표현

① 경청 표현

오직 전화를 통해 이루어지는 대화에서 고객의 요구 사항을 정확하게 파악하기 위해서는 반드시 경청의 기술을 갖추고 있어야 한다. 인바운드, 아웃바운드 모두 상관없이 고객에게 말하는 것보다는 듣는 것으로 문제를 해결해 나가야 고객의 마음을 움직일 수 있다.

② 공감표현

고객과의 대화에서 "1-2-3 호응 기법"이라는 개념이 있다. 이는 1분 이내에 탐색하고, 2분 이상 고객의 이야기를 듣고, 3번 이상 맞장구 치며 호응을 하는 것으로 고객이 계속해서 말을 하고 있는데, 아무리 집중해서 상담원이 말을 듣고 있더라도 고객은 그 모습을 확인할 수 없으므로 "네", "그러셨군요", "많이 불편하셨겠네요", "그럼요, 고객님", "네, 물론입니다." 등의 공감이 담긴 표현을 적절히 담아 대화를 이루어 나가는 것이 필요하다.

(2) 청유형 표현

스크립트를 작성할 때뿐 아니라 고객과 대화를 할 때에도 명령어나 사무적인 말로 대화를 이어나가기보다 청유형의 표현을 사용한다면 고객 중심의 대화로 만들어 나갈 수 있다.

예를 들어, "잠깐만 기다리세요"보다는 "잠시만 기다려주시겠습니까?"로 바꾸고, "전화번호 불러드릴게요, 메모하세요."를 "전화번호 알려드리겠습니다. 메모 가능하십니까?" 등으로 바꾸어 말하는 것이 좋다.

(3) 쿠션용어 및 완충 표현

상대방에거 곤란하거나 거부감을 줄 수 있는 이야기를 할 때 내용을 조금 완충하기 위해 사용하는 말을 쿠션용어라고 한다.

잘못된 표현	올바른 표현
잠깐만 기다리세요.	죄송하지만, 잠시만 기다려주시겠습니까?
방문하셔야 돼요.	번거로우시더라도, 직접 방문해주셔야 합니다.
고객님 본인이 가셔야 돼요.	바쁘시더라도, 중요한 업무여서 고객님께서 직접 방문해주셔야 합니다.
잘 모르겠는데요.	잠시만 기다려 주시면 정확하게 확인해 드리겠습니다.
안 됩니다.	어렵습니다.
주소 불러드릴게요.	주소 말씀드릴텐데, 혹시 메모 가능하십니까?
고객님, 그거 아닌데요.	고객님, 제가 정확하게 안내해 드리겠습니다.
그거 모르세요?	혹시 알고 계셨습니까?
아까 말씀 드렸다시피	제가 다시 한 번 안내해 드리겠습니다.
확실하지 않은데요.	정확하게 확인한 후 다시 연락 드리겠습니다.
방문 시, 구비 서류는 변경될 수 있으세요.	혹시라도 구비 서류가 변경될 수 있으니, 번거로우시더라도 방문하실 지점과 통화하신 후 방문 부탁드립니다.

(4) 인바운드 스크립트의 작성 순서

	인바운드
업무 전 준비	상담 준비 (Q&A 문답집, 스크립트, 상품 내용 숙지, 메모 등 준비)
전화 받기	신속하게 전화를 받는다.
첫인사	인삿말과 소속, 이름 순으로 첫인사 진행
문의 내용 파악	경청 및 재진술로 고객의 니즈 탐색 및 문의 내용 파악
문의 해결	문제 및 문의에 대한 정보와 대안 제시
반론 극복	고객 유형별 반론에 대한 논리적 설득
통화내용의 재확인	통화내용 확인 및 추가 문의사항 확인
통화 종결 및 끝인사	소속과 상담원 이름으로 마무리

(5) 아웃바운드 스크립트의 작성 순서

	아웃바운드
업무 전 준비	고객데이터 확인 및 상담 준비 (스크립트, 상품 내용숙지, 메모 등 준비)
전화 걸기 및 첫인사	소개 및 전화 건 목적 전달과 본인 여부 확인
정보제공 및 고객의 니즈 탐색	짧고 간단한 설명 및 탐색 질문
설명과 설득	정보 제공 및 고객반론 극복
고객 확답	상담내용 확인 및 재통화 약속
종결	처리 결과에 따른 안내 및 시간 허용에 대한 감사 인사
끝인사	소속과 상담원 이름으로 마무리

* 아웃바운드 통화의 고객 부재 시 응대 방안

고객 데이터에 있는 번호로 맞게 전화를 걸었으나 고객이 잠시 부재중일 경우 확인하는 방법과 재통화 약속 응대 방안은 아래와 같다.

① 도입부에서 첫인사 후, 고객 본인 여부를 확인하고 의사결정권자가 맞는지 정확하게 파악한다.

　　예) "○○ 통신사의 ○○○입니다. 우수 고객님들을 대상으로 특별 이벤트가 진행되어 전화드렸습니다. 실례지만, ○○○ 고객님 맞으십니까?"

② 고객 본인이 아니고 의사결정권자도 아닐 경우에는 추후 다시 전화할 것을 안내하고 종결한다.

　　예) "그러십니까? 언제쯤 전화드리면 통화가 가능하겠습니까? 제가 다시 전화드리겠습니다. ○○ 통신사의 ○○○입니다. 감사합니다."

5. 인 · 아웃바운드 스크립트 실전 훈련

*빨간색 박스 안의 내용을 잘 이해하여 빈 박스 안에 채워질 스크립트를 연습해보자.

(1) 아웃바운드 스크립트

> **신용카드 발급 후, 사용실적이 없는 고객들에게 분실한 것인지 확인 후 여러 혜택을 제공하며 사용독려하는 아웃바운드 상담상황임.**
> 1) 통신사, 관리비, 도시가스 요금 등 자동이체 등록 시 첫 달 5,000원 캐시백
> 　- 5,000원 캐시백은 카드 출금일 일주일 안으로 통장 입금됨
> 　- 자동이체 등록은 상담 중 바로 가능하며 변경하도록 유도
> 　- 자동이체 출금은 다음달부터 적용됨
> 2) 이번 달에 총 사용금액 20만원 이상 시 1만원 캐시백

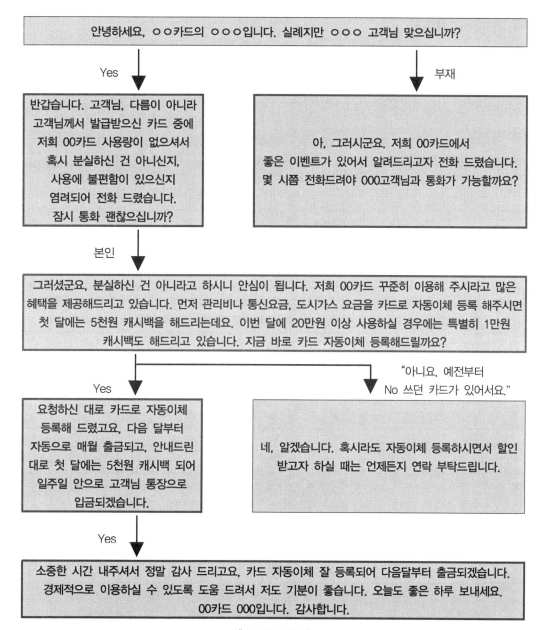

안녕하세요, ○○카드의 ○○○입니다. 실례지만 ○○○ 고객님 맞으십니까?

Yes

반갑습니다. 고객님, 다름이 아니라 고객님께서 발급받으신 카드 중에 저희 ○○카드 사용량이 없으셔서 혹시 분실하신 건 아니신지, 사용에 불편함이 있으신지 염려되어 전화 드렸습니다. 잠시 통화 괜찮으십니까?

부재

아, 그러시군요. 저희 ○○카드에서 좋은 이벤트가 있어서 알려드리고자 전화 드렸습니다. 몇 시쯤 전화드려야 ○○○고객님과 통화가 가능할까요?

본인

그러셨군요, 분실하신 건 아니라고 하시니 안심이 됩니다. 저희 ○○카드 꾸준히 이용해 주시라고 많은 혜택을 제공해드리고 있습니다. 먼저 관리비나 통신요금, 도시가스 요금을 카드로 자동이체 등록 해주시면 첫 달에는 5천원 캐시백을 해드리는데요. 이번 달에 20만원 이상 사용하실 경우에는 특별히 1만원 캐시백도 해드리고 있습니다. 지금 바로 카드 자동이체 등록해드릴까요?

Yes

요청하신 대로 카드로 자동이체 등록해 드렸고요, 다음 달부터 자동으로 매월 출금되고, 안내드린 대로 첫 달에는 5천원 캐시백 되어 일주일 안으로 고객님 통장으로 입금되겠습니다.

"아니요, 예전부터 No 쓰던 카드가 있어서요."

네, 알겠습니다. 혹시라도 자동이체 등록하시면서 할인 받고자 하실 때는 언제든지 연락 부탁드립니다.

Yes

소중한 시간 내주셔서 정말 감사 드리고요, 카드 자동이체 잘 등록되어 다음달부터 출금되겠습니다. 경제적으로 이용하실 수 있도록 도움 드려서 저도 기분이 좋습니다. 오늘도 좋은 하루 보내세요. ○○카드 ○○○입니다. 감사합니다.

"네, 알겠어요."

(2) 인바운드 스크립트

전국에 많은 지점이 있는 쇼핑몰에서 옷을 구입했으나 사이즈 문제로 환불 문의 상담(다른 지역에서 구입한 옷을 가까운 지점에서 환불이 가능한지 문의하는 인바운드 상담 상황임)

1) 타지점에서 구입한 상품도 환불 가능
　- 영수증, 결제 카드 있어야 하고 구입한 지 14일 이내만 가능하다.
　- 영수증은 없고 카드로 결제했다면 카드 구매 내역을 확인할 수 있는 시스템이 있어 결제 카드를 꼭 지참하도록 안내, 다만 확인하는 시간이 필요해서 처리가 다소 늦어질 수 있다.
2) 지점마다 영업시간이 다르므로 먼저 확인 후 방문하도록 안내

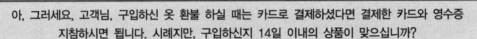

반갑습니다. ○○ 쇼핑몰 ○○○ 입니다. 무엇을 도와드릴까요?

"저 옷을 환불하려고요."

아, 그러세요, 고객님, 구입하신 옷 환불 하실 때는 카드로 결제하셨다면 결제한 카드와 영수증 지참하시면 됩니다. 시례지만, 구입하신지 14일 이내의 상품이 맞으십니까?

"네, 그런데, 이 옷을　제가 여행갔다가
산 옷이라서, 그냥 집에서 가까운 지점으로
가도 되나요?"

네, 가능합니다. 고객님 계신 곳에서 가장 가깝고 편한 지점으로 방문해주시면 됩니다.
다만, 지점에 따라서 영업시간이 달라 방문 전에 미리 확인 부탁 드립니다.

"그런데, 제가 영수증이 없는데요."

아, 그러세요, 혹시 고객님 당시에 옷 구입하실 때 카드로 결제해주셨나요? 결제하신 카드 지참해주시면,
구매 이력을 확인하고 환불처리 진행도릴 수 있으니 너무 염려하지 않으셔도 됩니다.
대신 카드는 꼭 지참하시고 방문 부탁드립니다.

"네, 알겠습니다."

더 도움드릴 사항은 없으실까요? 영수증이 분실된 상황이라 방문하셨을 때 처리가 다소
늦어질 수 있는 점 양해 부탁 드리겠습니다. 00쇼핑몰 000였습니다. 좋은 하루 보내세요.

05. 고객만족 서비스

1. 고객

1) 고객의 정의 및 특성

① 고객이란 기업의 상품 및 서비스를 제공받는 사람들을 말하며 대가를 지불하는지 여부는 상관없다.

② 고전적 개념의 경영 목적이 이윤추구에 있다면, 현대적 개념의 경영 목적은 고객만족에 있다고 할 수 있다. 만족한 고객이 재구매를 하고 이러한 경험이 반복될수록 고객이 확대된다.

2) 참여 관점에 따른 고객 분류

① 직접고객(1차 고객)

기업 등 제공자로부터 제품이나 서비스를 직접 구입하는 사람

② 간접고객(개인 또는 집단)

최종 소비자 또는 2차 소비자

③ 내부고객

회사의 내부 직원 및 그들의 가족, 주주

④ 공급자집단

제품과 서비스를 제공하고 반대급부로부터 돈을 지급받는 자

⑤ 의사결정고객

직접 돈을 지불하거나 구입하는 사람은 아니지만, 직접고객(1차 고객)의 선택에 큰 영향력을 제공하는 개인이나 집단

⑥ 의사선도고객

제품이나 서비스를 직접 구매하기보다 제품의 품질이나 평판, 심사, 모니터링 등으로 영향을 주는 집단을 말하며 주로 소비자보호단체나 기자, 전문가 등이 포함된다.

⑦ 경쟁자

전략이나 고객관리 등에 중요한 인식을 심어주는 고객

⑧ 법률규제자

소비자보호나 관련 조직의 운영에 적용되는 법률을 만드는 의회나 정부를 말한다.

⑨ 한계고객

고객에게서 얻는 수익보다 기업이 지불하는 비용이 더 많은 고객

⑩ 체리피커

실질적으로 기업의 상품이나 서비스는 구입하지도 않으면서 자신의 실속만 차리는 것에 관심을 두는 고객으로 신 포도 대신 체리만 골라 먹는다고 해서 붙여진 명칭이다.

⑪ 단골고객(Client)

지속적으로 기업의 상품이나 서비스를 구입하지만, 고객을 추천할 정도의 충성도는 없는 고객

⑫ 옹호(Advocate)고객 또는 충성(Loyalty)고객

충성도를 갖고 지속적으로 구입하는 단골고객을 말한다.

> * 가망고객 : 자사 제품이나 서비스를 알고는 있으나 아직 구매행동으로 연결하지 않은 사람으로, 마케팅이나 접촉 활동 전개 시 고객 확보가 가능할 것으로 예상되는 사람이다.

2. 고객만족(Customer Satisfaction)

1) 고객만족의 정의

① 고객만족이란 어떤 대상에 대한 기대수준과 실제 경험의 차이에서 발생하는 불일치 정도에 대한 주관적인 평가의 결과를 뜻한다.

② 고객의 요구와 기대에 부응하여 그 결과로 상품 및 서비스의 재구입이 이루어지고 고객의 신뢰감이 연속되는 상태이다.

③ 고객만족의 중요성이 부각되면서 기업에서는 고객만족경영을 위한 여러 전략과 투자를 아끼지 않고 있다.

* "판매원은 물건을 파는 것이 아니라, 혜택(Benefits)을 파는 것이다"라는 말은 고객만족의 의미를 바탕으로 하고 있다.

2) 고객만족의 중요 요소

① 상품

가장 핵심적인 요소로 구입하려는 상품의 가격 및 품질, 인지도, 기능 등으로 인해 만족도가 결정된다.

② 서비스

고객만족을 결정하는 요소로 그 중요성이 더욱 부각되고 있다. 상품 구입 과정에서 기분 좋고, 만족할 만한 서비스를 받은 것이 즐겁고 행복한 경험으로 이어져 만족감

은 높아지고 지속적인 관계를 맺을 수 있도록 도와준다.

③ 기업 이미지

기업의 선호도 및 인지도, 사회적 이미지에 따라 고객만족도가 결정된다. 특히 윤리적 고객일수록 기업의 사회적 책임이나 윤리성에 대한 관심이 높다.

3) 고객의 사전 기대치에 영향을 미치는 3가지

① 제3자의 의견

② 매스컴을 활용한 광고

③ 본인의 기존 경험

4) RFM 분석 기법

① 고객만족도와 고객충성도를 확인하기 위한 분석 기법

② R(Recency) : 고객이 얼마나 최근에 구입했는지, 구입한지 얼마나 지났는지 최근성에 대한 부분이다.

③ F(Frequency) : 제품 또는 서비스를 얼마나 자주 구매하는지 구매 빈도에 관한 부분이다.

④ M(Moneytary) : 고객이 구매한 평균 금액이 얼마인지 구매 금액에 대한 부분이다.

5) 고객 로열티(Loyalty)

고객의 충성도를 의미하며, 지속적으로 한 기업의 물건 및 서비스를 구입하고, 주변 사람들에게도 구매를 추천하는 적극적인 태도를 말한다.

① 로열티 고객의 특성

가. 반복성 : 한 기업의 상품 또는 서비스를 반복 구매한다.

나. 지속성 : 상품을 지속적으로 이용한다.

다. 옹호성 : 주변 사람에게 홍보를 한다.

라. 비이탈성 : 경쟁사의 마케팅 활동에도 이탈하지 않는다.

② 고객충성도 향상을 위한 촉진방안 4가지

가. 우수고객 특별관리 및 이벤트 시행

나. 고객의 소리 접수 활성화 및 커뮤니티 활동 지원

다. 마일리지 및 포인트 지급으로 실질적 혜택 제공

라. 충성고객에게만 사은품이나 특별 할인권을 제공

3. 서비스

1) 서비스의 특성

① 무형성

　가. 상품은 눈으로 확인할 수 있는 형태를 가지고 있지만, 서비스는 눈으로 보이지 않는다는 무형성의 특징을 가지고 있다.

　나. 유형의 상품은 특허를 내어 인정받을 수 있지만, 서비스는 형태가 없어 특허를 낼 수 없다.

　다. 무형성 문제 해소 방안

　　- 효과적인 구전 활용, 실천적인 단서 제공, 구매 후 고객과의 커뮤니케이션 강화

　　- 고객이 제품 및 서비스를 제공받기 위해 접촉하는 기업의 장소나 인테리어, 직원들의 옷차림 등의 유형적인 부분을 강조하여 전체적인 서비스 품질을 평가하는데 영향을 주도록 한다.

② 소멸성

　가. 한 번 구입하면 여러 번 이용할 수 있는 유형의 상품과 다르게 서비스는 생산과 동시에 소비되어 소멸된다.

　나. 소비되지 못한 서비스는 재고로 저장해 두었다가 다시 판매하거나, 이용할 수 없다. 적절한 서비스의 수요와 공급 능력이 필요한 이유이다.

　다. 소멸성 해소 방안

　　- 정확한 콜 예측을 통한 수요관리 및 효율적인 공급관리

③ 비분리성(동시성)

　가. 서비스는 생산과 동시에 소비가 이루어진다. 또한 대부분의 서비스 공급 과정에 고객이 참여하여 이루어진다.

　나. 서비스의 비분리성과 고객의 참여로 상품을 생산할 때처럼 사전에 품질을 미리 확인하거나, 통제하기 어렵고 대량생산체제를 구축하기는 더욱 어렵다.

　다. 비분리성 해소 방안

　　- 서비스 제공자의 선발, 교육에 대한 노력, 고객과의 접점을 확대

④ 이질성(비표준성)

　가. 서비스는 상품처럼 기계화되어 있지 않고, 직원이 직접 행하는 경우가 많아 서비스의 품질이 늘 일정할 수 없다는 것이다. 또한 서비스의 생산과정에 참여하는 고객 또한 인간이기에 늘 똑같을 수 없어 항상 똑같은 서비스를 제공하기란 매우 어렵다.

나. 기업에서는 어느 일정 수준 이상의 서비스를 제공하기 위해 표준화된 서비스를
제공하고자 노력한다.

다. 이질성 해소 방안

– 서비스 표준화를 위한 매뉴얼화 작업, 체계적인 서비스 품질 관리

⑤ 가변성

2) 서비스의 의미

가. S(Sincerity, speed & Smile)

서비스는 성의, 스피드, 미소가 있어야 한다. 신속하지만 정확하고 성의있는 태도로
미소를 지으며 응대하는 것이 필요하다.

나. E(Energy)

고객들은 에너지가 넘치고 활기찬 직원들의 서비스를 받고자 한다. 표정과 태도에
서 자신감 있는 모습을 보여야 한다.

다. R(Revolutionary)

획일화된 서비스가 아니라 혁신적인 서비스를 제공할 때 고객은 흥미를 가지고 서
비스를 만끽할 수 있다.

라. V(Valuable)

서비스는 어느 한쪽의 희생이 아니라, 상호 이익이 되고 가치가 있는 것이다.

마. I(Impression)

기쁨과 감동을 주는 서비스를 제공한다.

바. C(Communication)

서비스란 일방적으로 전달하는 것이 아니라 상호 커뮤니케이션이다.

사. E(Entertainment)

고객은 형식적으로만 보여주는 행동이 아닌, 진심으로 환영해주는 서비스를 원한다.

3) MOT(Moment Of Truth)

① 일반적으로 종업원과 접촉함으로써 고객이 받게 될 서비스품질에 대한 인식에 영향
을 미치는 상황을 말하며, 진실의 순간 또는 결정적 순간이라고 한다.

② 직원과 접촉하며 서비스품질에 대해 인식하게 되는 상황

가. 상품 구입 후, 콜센터에 문의전화를 걸면서 상담사와 접촉할 때

나. 매장의 주차장 입구에서 근무하는 주차도우미의 손짓을 보았을 때

다. 상품 구매 시, 담당자의 불량한 복장과 태도를 보았을 때

라. 기업에서 걸려 온 만족도 조사를 진행할 때

③ 직원과의 비접촉으로도 서비스품질에 대해 인식하게 되는 상황

가. TV를 통해 기업의 광고를 볼 때

나. 기업의 우편물 및 카탈로그를 받았을 때

다. 기업에서 보낸 할인 행사 문자를 받았을 때

라. 뉴스에 나온 기업의 기사를 접할 때

마. 고객이 순서를 기다릴 때

바. 고객이 회사 로비에 들어섰을 때

사. 고객이 회원카드 작성할 때

아. 고객이 홈페이지에서 회원가입 할 때

4) 서비스에 영향을 미치는 서비스의 품질 차이 4가지

① 촉진차이

② 이해차이

③ 과정차이

④ 행동차이

5) SERVQUAL 모형

① 서비스품질을 측정하기 위한 도구로 사용

② SERVQUAL의 5가지 요소

가. 유형성(Tangibles) : 건물, 주차장, 매장 조명 등의 물리적인 시설, 직원들의
외양

나. 신뢰성(Reiability) : 기업에서 제공하기로 한 서비스를 믿을 수 있고, 이를 수행
할 수 있는 직원들의 능력

다. 반응성(Responsive) : 고객에게 즉각적으로 서비스를 제공할 수 있는 직원들의
능력

라. 확신성(Assurance) : 고객들로 하여금 신뢰와 자신감을 심어줄 수 있는 능력

마. 공감성(Empathy) : 각기 다른 고객에 대한 개인적 관심과 배려

4. 고객응대

1) 고객응대 7C

① 사고(Consideration), 일치(Coincidence), 일관성(Coherence), 예절(Courtesy), 정확 (Correctness), 찬사(Compliment), 간결(Conciseness)

참고

> **텔레마케팅 고객응대의 특징**
> – 쌍방향 커뮤니케이션이다.
> – 전화장치를 이용한 비대면 중심 커뮤니케이션이다.
> – 언어적 메시지와 비언어적 메시지를 동시에 사용한다.
> – 상호거래적이며 피드백이 즉각적이고 직접적이다.

2) 라포(Rapport)의 정의 및 중요성

고객과 상담원 간의 신뢰와 친근감이 형성되는 것으로 상담 도입 부분에서 매우 중요한 과정이다.

① 상대방에 대한 관심을 가짐으로써 형성될 수 있다.
② 성공적인 상담을 이끌어가기 위해 라포 형성은 매우 중요하다.
③ 상담사가 따뜻한 관심을 가지고 상대방을 대할 때 가능하다.

3) 효과적인 경청

① 끝까지 듣기
② 맞장구 치며 듣기
③ 공감하며 듣기
④ 고객의 메시지에 집중하며 듣기

4) 듣기의 일반적인 과정

듣기 → 해석 → 평가 → 응답

5) 상담사의 경청을 방해하는 요소

① 상대방에 대한 편견

② 상대방에 대한 선입견

③ 선택적 청취

④ 집중하지 않고 다른 생각하기

⑤ 속단적 평가

⑥ 물리적 환경

6) 재진술의 효과

① 고객의 이야기를 적극적으로 듣고 있다는 신뢰감을 줄 수 있다.

② 재진술을 통해 고객의 문제 또는 욕구를 명확하게 이해할 수 있다.

③ 재진술 과정을 통해 텔레마케터가 잘못 이해했던 부분을 발견할 수 있다.

7) 질문기법

고객에게 질문을 하면서 정보는 물론, 고객의 욕구 또한 수집할 수 있는 효과가 있다. 그리고 대화의 초점이 흐려졌을 때 주의를 환기시키는 데 큰 도움이 되며, 대체적으로 질문의 종류는 개방형 질문, 선택형 질문, 확인형 질문으로 나뉜다.

① 개방형 질문

　　가. 폭넓은 주제에 관해 다양한 응답을 자유롭게 끌어내기 위해 사용하는 질문이다. 보다 적극적이고 풍부한 아이디어나 느낌 등을 알고 싶을 때 이용한다.

　　나. 고객으로 하여금 적극적인 참여를 유도할 수 있으며, 고객의 생각과 느낌을 명확하게 이해할 수 있다는 장점이 있다.

　　다. 예) "고객님, 당시 상황이 어땠는지 말씀해 주시겠습니까?"

② 폐쇄형 질문

　　가. 고객에게 "네", "아니오" 등의 답을 얻기 위한 간단한 형태를 띤 질문으로 정보를 얻기 위한 가장 기본적인 질문의 형태라고 할 수 있다.

　　나. 짧은 시간에 정보수집이 가능하며, 고객의 답변에 대해 이중의미로 해석할 가능성이 거의 없다는 장점이 있다.

　　다. 예) "고객님, 잠시 메모 가능하세요?"

③ 확인형 질문

　　가. 고객의 말을 그대로 복창하거나 다시 한 번 확인함으로써 대화를 촉진할 때 주로 사용한다.

나. 상대방이 말을 명확하게 말을 이해했는지 확인하기 위해 사용되며, 고객의 답변에 초점을 맞춘다.

다. "고객님, 지난주에 가입해주신 보험상품의 증권이 필요하다는 말씀 맞으시죠?"

참고

고객의 유형
- 잠재고객 : 아직 첫 거래는 하지 않았으나 상품구매 가능성이 높은 고객
- 신규고객 : 유망고객 중에 상품을 최초로 구매한 고객
- 기존고객(단골고객) : 상품을 반복적으로 구매하는 고객
- 핵심고객(충성고객) : 지속적으로 상품을 구매하며, 주위에 추천하여 간접광고 효과를 발생시키는 고객
- 이탈고객 : 자사제품 이용고객이 타사제품으로 전환한 고객
- 동반고객 : 고객이 기업의 의사결정에 참여하고 이익을 나누는 고도화된 고객
- 한계고객 : 고객에게서 얻는 수익보다 기업이 지불하는 비용이 더 큰 고객
- 가망고객 : 자사 제품이나 서비스를 알고는 있으나, 아직 구매행동으로 연결하지 않은 사람으로 마케팅이나 접촉 활동 전개 시 고객확보가 가능할 것이라고 예상되는 사람

5. 커뮤니케이션

1) 커뮤니케이션의 정의 및 특징

① 하나 혹은 그 이상의 유기체간에 서로 상징을 통해 의미를 주고 받는 (공유하는) 과정을 말한다.

② 의사소통은 인간의 모든 생각과 생활에 영향을 미치고 인간관계를 구성하는 근본 요소이며, 개인이 사회적 존재가 될 수 있도록 만드는 수단이나 도구라고 할 수 있다.

③ 의사소통을 하는 과정에서 오류와 장애가 발생할 가능성이 있다.

④ 의사소통은 대인관계에서 필수적이지만, 순기능과 더불어 역기능도 가지고 있다.

2) 의사소통의 기능

① 정보소통의 기능

가. 의사결정에 필요한 정보를 제공하거나, 대안을 확인하고 평가하기 위한 자료를 전달한다.

나. 의사소통은 단순히 정보전달 이상의 의미를 가지고 있으며, 상호간에 의미와 이해를 만들어 가는 과정이라고 할 수 있다.

② 동기부여의 기능

　가. 목표를 설정하고, 실행하는 단계에서 피드백이 이루어지면서 동기를 부여하며 목표를 달성할 수 있도록 돕는다.

　나. 다른 사람으로부터 긍정적인 기대를 받으면 이 기대에 부응하기 위해 노력하게 되며 그 결과 한층 성장할 수 있다.

③ 영향력 행사

　가. 조직은 직원들이 따라야 할 권력구조와 공식지침이 있고, 다양한 커뮤니케이션이 이를 통제하는 영향력을 행사한다.

　나. 자신이 원하는 방식대로 상대방이 행동해주기를 바라기 때문에 의사소통을 하기도 한다.

④ 자신의 감정 및 욕구 표현

　가. 말이나 표정 등으로 현재 자신의 감정이나 기분 상태를 표현할 수 있다.

　나. 상대방의 말을 들으면서 그 반응을 표현하고, 자신의 의사에 반영하는 태도를 개발하기도 한다.

3) 의사소통의 구성요소

① 전달자(Source)/발신자

커뮤니케이터라고도 하며, 메시지를 주는 사람을 말한다.

② 메시지(Message)

전달하고자 하는 내용을 언어, 문자, 몸짓 등 기호로 바꾼 것을 말한다.

③ 채널(Channel)

메시지 전달의 통로나 매체를 말하며, TV, 라디오, 인터넷 컴퓨터 등의 매스컴 채널이 되기도 하며, 사람이 직접 말하는 경우에는 목소리가 채널이 된다.

④ 수신자(Receiver)

메시지를 받는 사람을 말한다.

⑤ 효과(Effect)

커뮤니케이션의 결과로 의도적일 수도 있고, 비의도적일 수도 있다.

⑥ 피드백(Feedback)

전달자가 이미 보낸 메시지에 대한 수신자의 반응을 받게 되는 정보를 말하며, 피드백은 커뮤니케이션 과정을 계속해서 반복, 순환하게 하는 요소가 된다.

4) 의사소통의 장애요인

① 상황에 의한 장애 요인 : 비언어적인 메시지의 오용, 과중한 정보, 시간의 압박 등
② 일반적 장애 요인 : 전문가의 편견, 지리적 차이, 언어상의 장애, 다른 직무로 인한 압박감 등
③ 발신자에 의한 장애 요인 : 목적이나 목표의식 부족, 타인에 대한 민감성 부족, 커뮤니케이션 스킬 부족, 준거의 틀 차이 등
④ 수신자에 의한 장애 요인 : 선입견, 선택적인 청취, 반응과 피드백의 부족 등

5) 메시지 전달 방법

① 언어적인 메시지 : 말, 편지, 메일 등
② 비언어적인 메시지 : 음성의 억양, 톤, 빠르기, 음성, 바디랭기지, 표정 등

6) 텔레마케팅 고객응대의 특징

① 언어적, 비언어적 수단을 모두 사용한다.
텔레마케팅은 전화상으로 이루어지는 비대면 커뮤니케이션이다. 눈으로 보여지는 시각적인 요소는 상대적으로 적다. 그래서 언어만으로 메시지를 사용한다고 여길 수 있지만 발음, 속도, 음색, 톤 등의 비언어적 의사소통 수단도 사용한다.
② 쌍방간의 커뮤니케이션이 이루어진다.
전화는 상담사와 고객간의 통화로 이루어지고, 메시지 발신자와 수신자 역할을 각각 해내며 쌍방향으로 의사소통이 이루어진다.
③ 상호 피드백이 신속히 이루어진다.
우편이나 나른 수난보다 신속히 메시지가 전달되며, 피드백 또한 신속하게 이뤄진다.
④ 고객 반응별 상황 대응능력이 중요하다.
전화상으로 만나게 되는 다양한 고객의 유형에 따라 상담사에게 요구되는 능력이 중요하다.

6. 고객불만처리

1) 문제 파악 화법 - SPIN 기법

상황(Situation)과 문제(Problem), 시사(Implication), 욕구(Needs)의 4가지를 조화롭게 활용하여 고객을 설득하는 기법이라고 할 수 있으며, 조화로운 질문이 아주 중요하다. 어떠한 화법보다 질문을 제기하는 것이 중요한 단계로 문제와 더불어 고객의 니즈를 파악할 수 있는 SPIN 화법을 이용하면 좋다.

① Situation - 상황 질문

고객의 문제점은 물론, 현재의 상황에 대해 알아낼 수 있는 질문이며, 고객의 관심과 욕구를 알아내기 위한 첫 단계의 질문 형태이다. 다만, 너무 잦은 질문은 자칫 취조 당하는 느낌으로 받아들이거나 지루해 할 수 있으므로 주의한다.

② Problem - 문제질문

고객에게 문제가 있다는 것은 인식시키는 질문 방법으로 해당 문제를 함께 해결해 나가고 결정적인 도움을 줄 수 있다는 것을 보여주도록 한다.

③ Implication - 시사질문

고객이 처한 문제의 심각성을 알려주고, 해결해야 할 필요성을 인지시키기 위한 질문으로 상대방에게 불만해소나 문제해결의 실마리를 줄 수 있도록 하기 위한 가장 중요한 질문이다.

④ Need pay off - 해결질문

기업의 상품이나 서비스 혹은 직원이 문제를 해결해줄 수 있음을 알려주는 단계이다. 고객의 현재 욕구를 확인하고 심화시켜서 대안을 선택할 수 있도록 행동으로 연결하는 질문의 형태이다.

2) 고객불만의 원인

① 인적 서비스와 관련된 불만

대체적으로 고객의 불만은 서비스와 관련된 불만이 많으며 약속 미이행, 직원의 태도 및 언행, 직원의 실수, 무례함, 미숙한 업무 등으로 인해 발생한다.

② 상품 및 서비스 품질의 불만

비용을 지불하고 구입한 상품 및 서비스에 대한 불만으로 물리적 상황에 대한 불만 또한 포함된다. 호텔이나 숙소, 여행, 음식점의 메뉴, 가전제품 기술 결함 등이 포함되며 이는 핵심적인 역할에 대한 불만이다.

③ 고객의 지나친 심리적 기대

제품이나 서비스에 대해 지나치게 기대를 하고 있는 경우, 고객은 왕이라는 우월감이나 고객의 개인적인 열등의식 등으로 인해 불만이 발생하는 경우이다. 그렇다고 해서 고객불만을 개별적인 사항으로 치부하거나 무시해서는 안 된다.

3) 불만고객의 특징

① 자신의 의견이 존중 받기를 바라며 문제해결을 위해 전화 등을 통해 접촉을 시도했을 때에는 자신의 요구조건을 상담사나 담당자가 들어주길 원한다.
② 고객 성향에 따라 표현하는 방법이 다르지만, 극단적이고 비이성적으로 욕설을 하거나 거친 말투를 사용하기도 한다.
③ 자신의 시간을 투자하여 불만을 제기하는 고객은 그만큼 제품과 서비스에 관심이 많은 고객이므로 특별하게 대우 받고 싶어 한다.

 정리

고객불만의 원인
- 구매 후 태도변화로 인한 불평과 불만
- 고객 요구의 사전 기대와 사후 기대 차이
- 약속이나 거래조건 불이행으로 인한 불만
- 상품 자체의 하자와 결함으로 인한 불평과 불만

---

4) 불만처리의 중요성

① 서비스에 만족한 고객은 8명에게 소문을 내지만, 불만족한 고객은 22명에게 좋지 않은 평가를 하고 다니며 빠른 시간에 퍼지면서 여러 고객을 잃게 된다. 한 명의 신규 고객을 만드는 일보다 1명의 불만고객을 만족시켜 주는 것이 중요하다.
② 고객이 불만을 갖고 평가하는 사항들을 토대로 기업은 고객만족을 위해 개선해야 할 사항들에 대해 반응하고 수용함으로써 더욱 발전된 경영을 기대할 수 있고, 이에 따라 서비스품질을 향상시킬 수 있는 좋은 기회가 된다.
③ 불만고객 중 침묵하는 고객의 50%는 재구매율이 9%이지만, 불만을 제기한 고객은 재구매율이 19%가 된다는 연구결과가 있다. 이는 기업에 불만을 제기하고, 만족스러운 처리과정을 겪은 고객이 침묵하는 고객보다 오히려 기업과 지속적인 관계를 맺는다는 것을 나타내며 그만큼 고객유지율도 증가되면서 매출을 높일 수 있는 전략이다.

5) 불만처리 과정

① 문제파악

가. 고객의 불만 내용과 원하는 사항을 먼저 정리하며 문제를 파악하는 단계이다. 불만에 대해 기업을 대표하여 사과를 즉시 하도록 한다.

나. 문제를 파악하기 위해서는 가장 중요한 것이 경청이다. 고객의 말 속에 문제의 발생 원인이나 고객의 욕구 등이 모두 포함되어 있다. 집중하여 듣고 있음을 표현하고, 가능하면 메모를 하면서 고객의 말을 놓치지 않고 들어야 한다.

② 자료수집분석

가. 내부 사정으로 인한 이유로 고객의 불만처리가 어렵다는 표현을 한다면 고객은 더욱 화를 내게 된다. 기존에 유사한 불만 접수건은 없었는지 다양한 자료를 먼저 수집하도록 한다.

나. 선입견을 갖고 있거나, 감정적으로 상황을 바라보면 적절한 자료수집이 어렵다. 보다 냉정하고 이성적으로 자료를 수집하고 분석하도록 한다.

③ 대안찾기

가. 불만 내용의 원인 및 고객의 요구사항을 처리해 줄 수 있는 대안을 찾는 단계이다.

나. 이 과정에서 시간이 지나치게 소요되면 또 다른 불만을 만들 수 있으므로 최대한 신속하게 대안을 찾는다.

④ 대안평가

가. 고객의 불만을 해결하고, 만족을 줄 수 있는 여러 대안들을 놓고 평가하는 단계이다.

나. 상담사 자신이 아닌, 고객의 성격 유형과 입장을 바탕으로 대안들을 바라보는 자세가 중요하다.

⑤ 결정내리기

가. 여러 대안들 중 한 가지 대안을 가지고 고객에게 전하는 단계이다.

나. 고객에게 대안을 제시한 이후 고객의 의견을 물어 수긍했다면, 거듭 사과의 말과 감사 표현을 잊지 않도록 한다.

6) MTP 법칙

고객 불만 처리의 요령 중 한 가지로, 신속하고 효율적인 고객응대를 할 수 있도록 도와주는 역할을 한다. MTP를 신속하게 정하는 것이 중요하며, 처리가 느려진다면 다음의

세 가지 요소를 바꾸는 것이 불만 처리에 도움이 된다.

① MAN : 누가 처리할 것인가?

응대하는 직원을 정하는 것으로 불만의 상황과 고객 성향에 따라 상담사나 책임자 등의 상급자가 응대할 것인가를 신속하게 판단한다.

② TIME : 어느 시간에 처리할 것인가?

문제의 핵심이 아닌 발생 원인부터 차분히 이야기하고 설명을 하며, 변명을 늘어놓아서는 안 된다. 고객에게는 마음을 가라앉히는 시간이 된다.

③ PLACE : 어느 장소에서 처리할 것인가?

다른 고객의 이동이 많은 곳보다는 조용한 응접실 등에서 고객과 상담을 하는 것이 좋으며, 이때 차가운 차보다는 따뜻한 차를 고객에게 제공하는 것이 심리적으로 안정을 취하는 데 도움이 된다.

  * 허용구간 : 서비스는 기업, 종업원, 상황에 따라 달라질 수 있는 이질적인 특성을 가지고 있다. 허용구간은 고객이 이 다양성을 지각하고 기꺼이 받아들일 수 있는 한계이다. 고객이 받을 수 있고, 받아야만 한다고 믿는 수준의 서비스를 희망서비스라고 한다면, 최소한 견딜 수 있는 최저 수준의 서비스를 최저서비스라고 한다. 그리고 이 희망서비스와 최저서비스의 차이가 허용구간이다. 이 범위는 사람에 따라 모두 다르다.

7) VOC(Voice Of Customer) 시스템

① VOC 시스템의 특징

고객의 불만사항을 접수하고 처리 완료할 때까지의 처리과정을 관리하는 시스템으로 VOC 코드는 세분화해서 항목별로 나누어야 추후 마케팅 등 경영활동에 활용, 분석하기에 용이하다.

② VOC 시스템 도입의 이점

가. 자사 상품(서비스)을 평가하는 유용한 자료로 활용이 가능하다.

나. 고객으로부터 상품에 대한 중요한 정보를 수집할 수 있다.

다. 신속한 불만 처리로 회사의 이미지를 상승시킨다.

1. 자유응답형 질문의 장단점을 쓰시오.

정답 ① 장점 : 고객으로 하여금 적극적인 참여를 유도할 수 있다. 고객의 생각과 느낌을 명확하게 이해할 수 있다. 고객의 다양한 의견을 들을 수 있다.
② 단점 : 응답 시간이 길어질 수 있다. 정량적 수치로 조사를 분석 및 해석하기 어렵다. 응답자가 너무 간단히 답하거나 성의없이 답할 수 있다.

2. 사후관리의 중요성에 대해서 작성하시오.

정답 ① 기업의 이미지 제고뿐 아니라, 제품의 지속적인 구매 유도
② 상품 및 서비스에 대한 문제점을 찾아 개선할 기회 제공
③ 고객과의 장기적인 관계를 유지하는 데 큰 도움을 줌

3. 다음은 인바운드 상담내용이다. 빈 칸(①, ②)에 상담흐름에 적합한 스크립트 내용을 기술하시오.

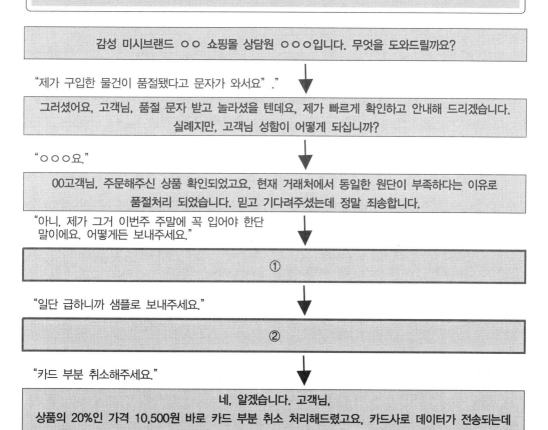

인터넷 쇼핑몰에서 구입한 제품이 품절된 사실을 알고 화가 난 고객과 상담을 진행하며 신제품이 아닌 샘플제품으로 발송 예정 상황임.
1) 원단이 부족으로 거래처에서 생산 불가로 품절 처리됨
2) 고객은 해당 상품이 꼭 필요하다고 주장하며 불만을 제기함
 - 모델이 촬영 시 한번 입었던 샘플 제품이 하나 남아 있으며 새 제품과 크게 차이가 나지 않고, 고객이 구입을 원할 경우 20% 할인된 금액으로 제공 가능
 - 이미 금액을 지불한 상황이라 20% 차액은 적립금 지급이나 카드 부분 취소 처리됨
 - 샘플 제품은 금일 발송되고 이틀 안으로 배송받을 수 있음

감성 미시브랜드 ○○ 쇼핑몰 상담원 ○○○입니다. 무엇을 도와드릴까요?

"제가 구입한 물건이 품절됐다고 문자가 와서요"."

그러셨어요, 고객님, 품절 문자 받고 놀라셨을 텐데요, 제가 빠르게 확인하고 안내해 드리겠습니다.
실례지만, 고객님 성함이 어떻게 되십니까?

"○○○요."

00고객님, 주문해주신 상품 확인되었고요, 현재 거래처에서 동일한 원단이 부족하다는 이유로
품절처리 되었습니다. 믿고 기다려주셨는데 정말 죄송합니다.

"아니, 제가 그거 이번주 주말에 꼭 입어야 한단
말이에요. 어떻게든 보내주세요."

①

"일단 급하니까 샘플로 보내주세요."

②

"카드 부분 취소해주세요."

네, 알겠습니다. 고객님,
상품의 20%인 가격 10,500원 바로 카드 부분 취소 처리해드렸고요, 카드사로 데이터가 전송되는데
2~3일 정도 소요되는 점 양해 부탁 드리겠습니다.

"네, 알겠어요. 빨리 옷이나 보내주세요."

품절로 새 제품 보내드리지 못해 다시 한번 죄송하고요, 해당 상품은 등록된 주소지로 금일 발송 처리하여
이틀 안으로 수령하실 수 있도록 하겠습니다. 감사합니다.
000쇼핑몰 상담사 000였습니다. 감사합니다.

정답 ① 불편 드려 정말 죄송합니다. 고객님, 확인해보니 촬영할 때 모델이 한번 입었던 샘플 제품이 있는데 혹시 해당 제품으로 보내드려도 괜찮으실까요? 새 제품이 아니더라도 잠시 촬영 때만 착용하였기 때문에 새 제품과 크게 차이가 없는 제품입니다. 다만, 새 제품을 보내드리지 못한 죄송스러운 마음에 20% 할인된 금액으로 제공해드리겠습니다.

② 양해해주셔서 정말 감사드립니다. 20% 금액만큼 카드로 부분 취소 해드리거나, 해당 금액을 적립금으로 넣어드릴 수 있는데 어떤 방법이 편하실까요?

4. 다음 고객 유형의 의미를 설명하시오.

> 최초 고객, 반대 고객, 옹호 고객

정답
① 최초 고객 : 기업과 처음으로 접촉한 고객
② 반대 고객 : 기업의 상품 및 서비스에 대해 비판적이고, 무관심하거나 부정적인 고객
③ 옹호 고객 : 단골 고객으로 다른 고객을 추천할 정도로 충성도가 있는 고객

5. 고객의 이해 정도를 묻는 질문 기법을 무엇이라고 하는지 쓰시오.

정답 | 재진술

6. "판매원은 물건을 파는 것이 아니라, 혜택(Benefits)을 파는 것이다"라는 말의 의미는 무엇인가?

정답 고객만족(직원은 유형의 물건만 파는 것이 아니라, 고객의 욕구를 탐색하고 충족시켜 줌으로써 만족으로 이끌어야 한다는 의미)

7. 다음이 설명하는 텔레마케팅 유형이 무엇인지 쓰시오.

> 고객 관련 정보를 전달하기 위하여 기존에 가지고 있는 고객 데이터를 활용하여 상담사가 고객에게 전화를 걸어 상담하는 텔레마케팅

정답 아웃바운드 텔레마케팅

8. 텔레마케팅에서 대화 대본 역할을 하며 도입에서 상담, 진행, 마무리 감사 등의 절차와 구성을 통해 텔레마케팅 상담 및 고객 설득 능력을 숙달하고자 할 때 사용하는 것을 무엇이라고 하는가?

정답 | 스크립트

9. Eelang C를 통해 필요한 상담원 수를 구하기 위한 4가지 변수를 쓰시오.

정답 | 평균통화시간, 예상인입콜수, 목표서비스레벨, 평균마무리시간

10. 고객상담 시 고객의 입장에서 고객의 기분과 감정을 이해하며 듣는 것을 무엇이라고 하는지 쓰시오.

정답 | 공감적 경청

11. 서비스가 고객의 기대에 미치지 못할 때, 고객은 서비스 품질을 낮게 평가한다. 그래서 기업은 서비스품질 차이를 극복하여 서비스에 대한 고개만족도를 높여야 한다. 서비스에 영향을 미치는 서비스품질 차이 4가지를 쓰시오.

정답 | 촉진 차이, 이해 차이, 행동 차이, 과정 차이

12. 진실의 순간을 뜻하는 MOT(Moment Of Truth)의 의미를 간략히 설명하시오.

정답 | 일반적으로 고객이 받게 될 서비스품질에 대한 인식에 영향을 미치는 모든 상황을 진실의 순간, 결정의 순간이라고 한다.

13. 한계고객의 의미를 쓰시오.

정답 | 고객을 확보하는 데 소요되는 비용이 판매나 서비스 제공에서 얻을 수 있는 수익보다 큰 고객이다.

14. 교차판매(Cross-selling)의 의미는?

고객이 구매한 상품이나 서비스와 비슷한 상품이나 서비스를 추가 구매하도록 유도하는 판매기법을 말한다.

15. 텔레마케팅에서 IVR이 제공하는 리포트 3가지를 쓰시오.

① 콜 포기율
② 사용 중인 포트의 비율
③ IVR 시스템의 평균 처리 시간
④ 상담사 그룹으로 전송된 콜의 횟수

16. 고객이 잘 모르거나 상품이 있어도 구매의사가 없는 제품을 무엇이라고 하는지 쓰시오.

비탐색품

17. 폐쇄형 질문과 개방형 질문의 장점을 각각 3가지씩 쓰시오.

정답
*폐쇄형 질문의 장점
① 전체적으로 신속하게 응답이 가능하다.
② 응답자의 거부감이 심하지 않다.
③ 정량적으로 수치화하고 분석 및 해석하기 편하다.

*개방형 질문의 장점
① 응답자의 숨겨진 욕구를 파악해내기 편하다.
② 응답자는 자유롭고 편하게 응답할 수 있다.
③ 조사자는 제한없이 다양한 의견을 들을 수 있다.

18. 고객이 제품서비스에 대해 관심을 가지고 전화를 거는 인바운드 상담은 Q&A시트를 활용하는 반면, 기업이 잠재고객이나 기존고객에게 전화를 거는 기업 주도형 마케팅 기법인 아웃바운드는 (   )의 활용도가 높다.

정답 스크립트

19. 서비스가 가진 특성 4가지를 설명하시오.

> 무형성 : _____
>
> 비분리성 : _____
>
> 이질성 : _____
>
> 소멸성 : _____

정답
① 무형성 : 상품은 눈으로 확인할 수 있는 형태를 가지고 있지만, 서비스는 눈으로 보이지 않는 무형성을 가지고 있다.

② 비분리성 : 서비스는 생산과 동시에 소비가 이루어진다. 또한 대부분의 서비스 공급 과정에 고객이 참여하여 이루어진다.

③ 이질성 : 서비스는 상품처럼 기계화되어 있지 않고, 직원이 직접 행하는 경우가 많아 서비스의 품질이 늘 일정할 수 없다는 것이다. 서비스의 생산과정에 참여하는 고객 또한 인간이기에 늘 똑같을 수 없어 항상 똑같은 서비스를 제공하기란 매우 어렵다.

④ 소멸성 : 한 번 구입하면 여러 번 이용할 수 있는 유형의 상품과는 다르게 서비스는 생산과 동시에 소비되어 소멸되고, 유형의 제품처럼 재고로 보관할 수 없다.

20. 텔레마케팅 커뮤니케이션의 성공요건 4가지를 쓰시오.

정답
① 체계적으로 작성된 스크립트　　　　② 전문적인 텔레마케터
③ 고객 데이터베이스　　　　　　　　④ 공감적 경청의 적용

21. 스크립트의 작성이 필요한 이유를 3가지 쓰시오.

정답
① 상담원의 상담 성과를 크게 향상시킬 수 있다.
② 상황별 꼼꼼한 스크립트는 예기치 못한 고객의 반응에 침착하고 여유있는 상담을 진행할 수 있게 해준다.
③ 고객은 표준화된 정보 및 통일된 서비스를 제공받을 수 있다.
④ 전화의 목적을 분명히 하고, 중도 거부를 방지하며, 일관성 있는 상담이 가능하다.
⑤ 콜센터의 시간관리 및 생산관리에 도움을 준다.

22. 의사소통(Communication) 하려는 생각을 문자, 그림, 말로 상징화하는 과정을 무엇이라고 하는가?

정답 부호화

23. 고객은 기업에게 제공하는 가치 측면에 따라 구분될 수 있다. 고객가치를 분석, 측정하는
   방법으로 RFM 분석과 고객수익 분석이 있다. R, F, M이 각각 무엇의 약자인지 쓰고 그
   의미를 설명하시오.

정답
① R(Recency) : 고객이 얼마나 최근에 구입했는지, 구입한지 얼마나 흘렀는지 최근성에 대한 부분이다.
② F(Frequency) : 제품 또는 서비스를 얼마나 자주 구매하는지 구매 빈도에 관한 부분이다.
③ M(Moneytary) : 고객이 구매한 평균 금액이 얼마인지 구매 금액에 대한 부분이다.

24. 기업이 고객과 접촉하는 시점 3가지를 쓰시오.

정답
① 고객 콜센터로 전화를 걸고 상담사와 통화를 하는 경우
② 기업의 매장을 방문해서 고객 화장실을 이용했을 경우
③ 라디오, TV 등 기업의 광고를 보게 된 경우

25. 아웃바운드에서 스크립트의 4단계를 쓰시오.

정답
① 첫인사 → 도입 → 상담진행 → 마무리 및 끝인사
② 첫인사 → 탐색질문 및 고객 욕구 파악 → 상품안내 및 설득 → 마무리 및 끝인사
(채점자의 기준에 따라 정답은 달라질 수 있다.)

26. 고객 컴플레인이 발생하는 주요 원인을 3가지만 쓰시오.

정답
직원의 불친절한 언행, 직원의 실수, 무례함, 미숙한 업무, 제품이나 서비스에 대해 지나치게 높은 기대, 상품 및 서비스 품질의 불만 등

27. 콜센터 시스템 중 ACD의 기본 기능 3가지를 쓰시오.

정답
① 대기하고 있는 고객을 상담이 종료된 상담사에게 바로 연결해준다.
② 균등한 콜 분배가 가능하다.
③ 대량의 콜 처리가 가능하다.

28. 커뮤니케이션 매체 중 비대면 대화방법을 3가지만 쓰시오.

> **정답** │ 전화, 인터넷, 우편, 휴대폰 문자 메시지 등

29. 고객충성도의 촉진 방안 5가지를 쓰시오.

> **정답** │ ① 우수고객 특별관리 및 이벤트 시행
> ② 고객의 소리 접수 활성화 및 커뮤니티 활동 지원
> ③ 마일리지 및 포인트 지급으로 실질적 혜택 제공
> ④ 충성고객에게만 사은품이나 특별 할인권을 제공
> ⑤ 주기적으로 고객 접촉 시도

30. 기존 고객리스트에서 상품 판매 목적에 맞는 우량고객만을 선별하는 작업을 무엇이라고 하는가?

> **정답** │ 리스트 스크리닝

31. 고객이 상담원과 연결되기까지 기다린 시간을 무엇이라고 하는가?

정답 │ 고객 콜 대기시간

32. 서비스의 특성 중 무형성으로 인한 마케팅상의 문제점 3가지를 쓰시오.

정답 │ ① 직접 체험해보지 않고서는 알 수 없다.
② 객관적인 기준 해석 및 평가가 어렵다.
③ 특허를 내기 어렵다.
④ 진열하거나, 직접 보여주기 어렵다.

33. VOC 관리를 통해 얻을 수 있는 효과를 3가지 쓰시오.

정답 │ ① 자사 상품(서비스)을 평가하는 유용한 자료로 활용이 가능하다.
② 고객으로부터 상품에 대한 중요한 정보를 수집할 수 있다.
③ 신속한 불만 처리로 회사의 이미지를 상승시킨다.

34. 기업이나 조직이 소비자에게 무형으로 제공하는 것으로 생산과 소비가 동시에 이루어지는 것을 무엇이라고 하는가?

정답 | 서비스

35. 외부기관이나 자료 등에서 임의 수집된 고객 리스트나 수집 뒤 오랜 시간이 경과되었거나 반송된 리스트의 주소, 성명, 전화번호 등을 변경된 자료로 교환하는 작업을 무엇이라고 하는지 쓰시오.

정답 | 리스트 클리닝

36. 고객로열티의 정의를 쓰시오.

정답 | 고객의 충성도를 의미하며 지속적으로 한 기업의 제품 및 서비스를 구입하고 주변 사람들에게도 구매를 추천하는 적극적인 태도를 말한다.

37. 다음은 인바운드 상담내용이다. 잘못된 정보를 담은 빨간박스 스크립트 내용을 올바른 스크립트 내용으로 고치시오.

> **카드대금 출금일자를 월급날과 가장 가까운 날짜로 변경하고 싶어 고객 콜센터에 전화를 해서 상담을 받고, 신규카드로 발급 받는 상황**
> 1) 고객의 월급날이 가장 가까운 결제일은 15일이다.
> 2) 카드대금 출금은 일괄적으로 출금되는 사항이라 시간까지는 정확히 알기 어려우며 변동 가능이 있다.
> - 할인점에서 쇼핑 시 총 금액에 3% 청구 할인되고 연회비가 5,000원이라 아주 경제적인 신규 신용카드 추천(현재 사용중인 카드 연회비보다 저렴)
> - 발급 신청한 신규 카드는 3일 안으로 등록된 자택 주소지로 배송된다.
> - 결제일을 20일로 바꿀 경우 익월부터 적용되며, 전월 15일부터 당월 14일까지 사용한 금액으로 출금된다.

> 안녕하십니까? OO 카드 OOO 입니다. 무엇을 도와드릴까요?

"네, 제가 카드 결제일을 좀 바꾸고 싶은데요, 지금 25일날로 되어 있는데, 가끔 통장에 잔고가 없는 날엔 자꾸 카드 대금이 연체돼서 급여날 15일하고 맞추려고요."

정보 확인

> 그러셨군요, 고객님, 전화 잘 주셨습니다. 카드 대금이 연체돼서 걱정 많이 하셨을 텐데요, 제가 몇 가지 정보 확인 후 빠르게 도와드리겠습니다.

> 고객님, 급여 날짜인 15일과 동일한 결제일이 있는데요, 다만 대량으로 출금이 되고 있어서 출금되는 시간이 변동적일 수 있습니다. 그렇다보니, 고객님 급여 입금 후 출금될지 여부는 확실하게 알기가 어려운데, 혹시 안전하게 20일은 어떠신가요?

Yes

> 카드 결제일은 20일로 변경 완료해드렸고요, 다음달부터 매월 20일에 카드 대금이 출금되겠습니다. 전월 15일부터 당월 14일까지 사용한 금액이 매월 20일에 출금되니 참고 부탁드립니다. 전화주신 김에 신규 카드에 대한 설명을 잠시 해드려도 될까요?

Yes 카드 추천

> 신규 발급되는 카드는 모든 도 · 소매상에서 할인되며 쇼핑되는 금액의 일정 금액을 청구 할인 받을 수 있습니다. 연회는 지금 카드와 동일합니다. 이 카드로 신규 발급해서 보내 드릴까요?

Yes   No

> 신청해주셔서 감사합니다. 신규 카드로 발급   알겠습니다. 고객님, 카드 사용하시다가 혹시라도

접수 잘 해드렸고요. 신규 카드는 등록된 자택 주소지로 발송해드리고, 3일 이내에 받으실 수 있겠습니다.	변경 의사가 있으실 때는 지금처럼 편하게 연락주시면 도움드리겠습니다.

↓ ↓

카드 결제일 잘 변경되어 다음달부터는 매월 20일 출금 되실 겁니다.
카드 사용하시고 혹시라도 문의 있으시면 언제든지 연락 부탁드립니다.
00카드 상담사 000였습니다. 감사합니다.

 신규발급되는 카드는할인점에서 쇼핑 시 총 금액에 3% 청구 할인되고 연회비가 5,000원이라 아주 경제적인 카드 입니다. 그럼 이 카드로 신규 발급해서 보내 드릴까요?

Chapter
02

고객관리
(CRM, Customer Relationship Management)

01. 고객관계관리(CRM)의 등장

1. 고객관계관리(CRM)의 등장배경

1) 시장의 변화

① 산업혁명기에는 공급이 너무나 부족하던 시기였기에 대량생산이 필요했고, 노동의 생산성이 가장 필요했던 시기였다. 하지만 진입장벽은 낮아지고 경쟁자가 증가하면서 공급이 수요를 초과하는 사태가 발생하였다.

② 공급량이 초과했던 판매자 시장에서 이제는 소비자 시장으로 중심이 변하면서 힘은 기업에서 고객에게로 이동했다.

③ 더 이상 가격과 품질로는 경쟁력을 갖추기 어려운 시장이 형성되었으며, 보다 전문화되고 세분화된 시장이 필요하게 되었다.

2) 기술의 변화

① IT 기술의 발달로 인해 POS 시스템이 도입되었으며, 이는 유통의 혁명이라고 일컬어진다. 유통기업에서는 고객이 계산대에서 구입하는 상품을 바코드를 스캔하면 기업에서는 당일 전체 매출 확인은 물론 어느 시간대 어느 요일에 얼마나 많은 물건이 종류별로 판매되고 있는지 바로 확인할 수 있다.

② 기술의 발달로 고객의 반응을 빠르게 확인한 정보들로 재고관리나 주문, 매장관리 등을 통합적으로 이끌어 나갈 수 있으며, 효과적이고 효율적인 경영이 가능해졌다.

③ 빠르고 효율적인 시스템의 발달은 종업원의 능력을 향상시키고, 생산성을 높이며, 서비스품질을 향상시킴으로써 고객만족도 또한 높아져 경영혁신을 통한 경쟁력이 강화되었다.

3) 고객의 변화

① 고객 삶의 가치관이 변하면서 상품이나 서비스를 구입할 때, 선택의 폭과 질에 대한 높은 만족도를 원하며 고객들이 남겨 놓은 정보와 의견들을 연결하여 그것들이 내포하고 있는 고객의 행동을 예측하고, 고객과의 지속적인 관계를 위한 노력이 필요하게 되었다.

② 개인적이고 특별한 서비스를 받기 원하는 고객의 특성에 맞추어 로열티 프로그램이나, 맞춤별 서비스를 제공하기 위한 시스템의 도입이 필요하게 되었다.

참고

CRM의 등장 배경
- 고객욕구 · 요구의 다양화
- 고객생애가치(LTV)의 중요성
- 시장의 탈대중화
- 마케팅 커뮤니케이션의 변화
- 정보기술의 급격한 발전
- 비지니스 패러다임의 변화

2. 고객관계관리(CRM)의 개념

1) CRM은 고객으로부터 얻은 정보들로 관계를 유치, 유지, 개선시킴으로써 고객만족도는 물론 고객충성도를 향상시킬 수 있는 활동들을 말한다.

2) CRM은 결국 기업의 모든 기능을 통합시키고 운영하여 고객과 지속적인 관계를 유지하며 수익성을 극대화시키려는 것이다.

3) 지속적 관계 유지를 위해 고객과 관련된 기업의 내, 외부 자료를 분석, 통합하여 고객특성에 기초한 마케팅 활동을 계획하고 지원하며 평가하는 과정이다.

3. 고객관계관리(CRM)의 필요성

1) 기업의 수익성 극대화

기업은 매출을 높이고, 수익성을 극대화하기 위해서 CRM이 필요하다. 기업이 이익을 내기 위해서는 무엇보다 비용을 절감하는 게 중요한데, CRM을 통해 마케팅 비용이 감소하고, 서비스 제공 단계 또한 간소화하는 데 큰 역할을 한다.

2) 고객 확보, 유지

잠재고객의 상품구매를 유도하거나, 거래가 중단된 고객, 고정고객에 대한 데이터베이스를 확보하여 고객 활성화 전략, 고객 유지 전략이 필요하다.

3) 고객 세분화

더이상 무차별적으로 고객들을 만나 마케팅 전략을 펼치고, 상품을 판매할 수 없게 되면서, CRM으로 고객의 다양한 정보를 여러 기준에 따라 더욱 세분화시키고, 그들만의 차별화된 서비스를 제공할 수 있게 되었다.

참고

※ 참고 CRM Marketing과 MASS Marketing의 비교

기준＼구분	CRM 마케팅	MASS 마케팅
관점	CRM 마케팅은 개별고객과의 관계를 중요 시 한다.	MASS 마케팅은 전체 고객에 대한 마케팅의 관점을 중요 시 한다.
성과지표	CRM 마케팅은 고객점유율을 지향한다.	MASS 마케팅은 시장점유율을 지향한다.
판매기반	CRM 마케팅은 고객가치를 높이는 것을 기반으로 한다.	MASS 마케팅은 고객과의 거래를 기반으로 한다.
관계측면	CRM 마케팅은 고객과의 지속적인 관계를 유지하는 것에 목표를 둔다.	MASS 마케팅은 신규고객 개발을 더 중요시 한다.

4. CRM 구현을 위한 전제조건

1) 고객 중심의 비즈니스 모델 설정

2) 통합고객 데이터베이스 구축

3) 고객 정보의 신뢰성 확보

5. CRM의 구축단계

CRM 목표 설정 → 데이터 환경 구축 → 고객 이해 → 설계 → 개발 → 실행 → 검토

6. CRM의 구축 목표

① CRM의 구축 목표는 기업이 원하는 방법으로 고객가치를 충족시키는 것
② 고객 데이터베이스를 확보하여 고객 활성화, 고객을 유지하는 것
③ CRM을 통해 마케팅 비용을 감소시키고, 서비스 제공 단계 또한 간소화하는 것

02. 고객관계관리(CRM) 이해

1. 고객관계관리(CRM)의 특징

1) 고객지향적, 관계지향적이다.

장기적인 관계와 이윤을 추구하는 동적인 경영방식을 취하며 모든 마케팅 제공물을 고객 중심적으로 맞추어 진행한다.

2) 기존 우수고객 유지에 집중한다.

새로운 시장 및 고객을 확보하는 것보다 기존의 우수고객 유지를 목표로 전략을 세우며, 시장점유율보다 고객점유율에 더욱 초점을 맞추고 있다.

3) 고객과 쌍방향 커뮤니케이션이다.

고객과의 장기간 관계를 구축해 나가고, 관계를 강화시키기 위해 다양한 채널을 통해 고객과의 커뮤니케이션을 시도한다. 이러한 활동을 통해 얻은 고객의 정보들을 지속적으로 분석하고 마케팅 활동에 반영한다.

4) 전사적인 관점이 필요하다.

전사적 관점에서 고객과 시장에 대한 정보를 서로 공유하게 할 수 있으며, 이는 기업에 신제품이나 신사업에 대한 아이디어를 제공해주고, 고객 지원 시스템들을 개선시킬 수 있도록 도와준다.

2. CRM으로 인한 기업의 마케팅 전략 변화

1) 거래적 마케팅 → 관계적 마케팅

① 거래적 고객관리가 시장점유율에 초점을 두었다면, 관계적 고객관리는 고객점유율에 초점을 두고 있다.

② 거래적 고객관리는 신규고객 확보가 중요했다면, 관계적 고객관리는 기존고객 유지에 초점을 두고 있다.

2) 전통적 마케팅 → CRM 마케팅

① 전통적 마케팅은 시장점유율을 높이기 위해 신규고객 획득 등으로 사용하는 비용이 컸으나, CRM 마케팅은 기존고객과의 관계를 중심으로 신뢰를 쌓으며 신규고객 획득으로 인한 비용을 절감할 수 있다.

② 전통적 마케팅은 고객의 정보 및 욕구를 파악하는 데 시간이 많이 소요되었으나, CRM 마케팅은 데이터베이스화 된 정보를 바탕으로 신속하게 고객의 욕구를 충족시켜 줄 수 있다.

3. CRM 도입으로 인한 기대효과

1) 기업 관점

① 안정적이고 지속적으로 고객과의 관계를 유지할 수 있다.

② 고객에 대한 반응을 신속하게 확인할 수 있다.

③ 기존의 고객 이탈을 방지할 수 있다.

④ 기존고객과의 관계에 초점을 두어 신규고객 확보로 인한 비용을 절감할 수 있다.

⑤ 기업의 이미지 제고 및 종업원의 이직이 감소된다.

2) 고객 관점

① 탐색비용을 절약할 수 있다.

② 새로운 기업의 상품 및 서비스에 대한 위험을 감소시켜 준다.

③ 서비스 요청 단계가 간소화된다.

④ 장기적인 관계를 맺은 고객으로 특별대우를 받을 수 있다.

⑤ 서비스 제공자에 대한 학습 비용을 절약할 수 있다.

> *** 파레토법칙**
> 20%의 고객이 80%의 수익을 창출한다는 의미이다. 텔레마케팅을 통한 판매에서 염두에 두어야 할 원칙으로, CRM을 통해 기존의 우량고객과의 장기적인 관계를 형성해 나가는 것이 중요하다는 것을 뒷받침해준다.

4. CRM 시스템 아키텍처의 3가지 구성요소

1) 분석 CRM

① CRM 시스템의 기본이라고 할 수 있으며, 고객의 데이터를 획득, 관리, 분석하는 모듈을 말한다.

② 여러 채널을 통해 고객 관련 정보를 수집하고 분석하여 고객서비스 및 마케팅 전략을 개선하는 역할을 담당한다.

2) 운영 CRM

① 분석 CRM에서 분석된 고객 정보를 활용하여 구체적인 CRM 프로세스 실행 전략을 기획하고 실행하는 영역을 말한다.

② CRM이 전사적 관점에서 중요해짐에 따라 ERP, SCM 등과 같은 전사적 정보시스템과 통합 및 연계하여 활용한다.

3) 협업 CRM

① 단순한 마케팅 채널들의 집합이 아닌, 고객과 기업 간의 커뮤니케이션을 포괄적인 관점에서 통제, 운영하는 시스템이다.

② 기업 전체의 고객 관련 부서들의 업무 프로세스를 한눈에 볼 수 있으며, 기업 내부 부서들간의 협력과 고객정보의 공유를 효과적으로 지원해준다.

5. CRM의 프로세스 4단계

> 고객 선별 단계 → 고객 획득 단계 → 고객 개발 단계 → 고객 유지 단계

03. 고객관계관리(CRM) 분석 활동

1. 고객관계관리(CRM)의 성공전략

1) 신규고객 확보 전략

거래 경험이 없는 잠재고객에게 할인쿠폰이나 다양한 고객 이벤트를 제공하여 상품의 구매를 유도한다.

2) 과거 고객 재활성화 전략

과거에 구매를 했으나 이탈한 고객 등 과거 데이터베이스를 통해 거래가 중단된 고객을 찾아 재거래를 유도하는 전략이다.

3) 고객 유지 전략

이탈을 방지하고 지속적인 관계를 유지할 수 있도록 고객이 구매 후 부조화를 최소화할 수 있는 전략들을 구사한다. 예를 들어 A/S나 해피콜, DM 등을 발송하며 관심을 표현하는 방법 등이다.

4) 고객 활성화 전략

인센티브, 특별 할인, 쿠폰 등의 판촉을 통해 구매를 활성화시키는 전략이다.

5) 교차 판매(Cross-selling) 전략

특정 상품을 고객에게 판매할 때, 기존의 고객들에게 가격 혜택 등을 제공하면서 수익률도 높이고 고객들과 더욱 깊이 있는 관계를 맺을 수 있다.

6) 고객충성도 제고 전략

고정고객 및 우수고객들에게는 특별한 서비스를 제공하여 관계를 더욱 강화시킨다.

2. 데이터마이닝(Data Mining)

1) 데이터마이닝의 개념

① 고객과 관련된 방대한 정보들 속에서 숨겨진 질서 및 상관관계를 발견하고 기업에

필요한 정보를 찾아내는 과정을 데이터마이닝이라고 할 수 있다.

② 기업이 고객의 유용한 정보를 찾아내어 고객을 더 잘 이해하면서 마케팅과 판매, 고객 지원 업무 등을 향상시키는 것이 데이터마이닝의 목표이다.

2) 데이터마이닝 과정

① 샘플링

방대한 양의 데이터에서 표본과 같은 작은 양의 데이터를 추출하는 것을 말하며, 시간과 비용을 절감할 수 있어 효율적으로 작업을 진행할 수 있도록 해준다.

② 탐색

데이터 모양을 면밀히 검토하여 정보화할 수 있는 기반을 잡아가는 과정으로 이미 알고 있는 사실을 확인하고 수치화하는 작업을 시작으로, 보유하고 있는 많은 변수들의 관계를 살펴보는 단계이다.

③ 변환 및 조정

데이터가 가지고 있는 정보를 효율적으로 사용할 수 있도록 수량화, 그룹화, 변수 변환과 같은 방법을 통해 데이터를 변형하고 조정하는 단계이다.

④ 모형화

주요 변수들을 사용하여 다양한 데이터마이닝 기법을 이용한 모델링을 적용하여 예측력이 가장 뛰어난 모형을 선택하는 단계로 데이터마이닝 과정에서 가장 중요한 단계이다.

⑤ 평가

가시성 있게 그래프 등의 형태로 나타내며, 선택한 모형을 평가하고 보고하는 단계이다.

> **데이터 웨어하우스(Data Warehouse)**
> – 축적된 고객의 정보를 통합하여 저장하는 보관소 역할을 하는 공간이다.

3. 고객생애가치(Life Time Value)

1) 고객생애가치(LTV)의 개념

① 한 고객이 한 기업의 고객으로 존재하는 전체기간 동안 기업에게 제공할 것으로 추정되는 재무적인 공헌도의 합계라고 할 수 있다.

② 어떤 고객의 평생 구매에 대해 기대되는 미래수익 흐름을 순현재가치로 환산한 것을 말하며, 고객생애가치를 계산하여 충분한 수익잠재력이 있는 고객에 대해 장기적인 관계를 맺는 것이 중요하다.

2) 고객생애가치 평가의 구성요소

① 할인율
② 공헌 마진
③ 마케팅 비용

3) 고객생애가치에 영향을 끼치는 요인 4가지

① 고객 반응률
② 고객 신뢰도
③ 고객 기여도
④ 고객 성장성

> *** 고객가치와 고객만족**
> 고객가치와 고객만족은 서로 연관되어 있으나 동일한 개념은 아니다. 고객가치가 기업이 고객에게 무엇을 해야 하는지를 나타낸다면, 고객만족은 기업이 그것을 어떻게 실행할 것인지 방법에 관한 것이다.
>
> *** 시장점유율 VS 고객점유율**
> 시장점유율은 특정 업종의 제품 시장에서 취급하는 전체 거래 중에서 기업이 차지하는 비율로 마케팅에서는 고객획득률을 의미한다면, 장기간에 걸쳐서 한명의 고객이 동일한 상품 중 자사 제품의 구입을 위해 지출하는 비용의 비율 또는 점유율을 고객점유율이라고 한다.

1. 과거에는 고객을 거래적 관점에서 관리하는 거래적 고객관리가 주를 이루었지만, 현재는 관계적 고객관리를 하고 있다. 관계적 고객관리와 거래적 고객관리의 차이점에 대해 쓰시오.

정답 ① 거래적 고객관리가 시장점유율에 초점을 두었다면, 관계적 고객관리는 고객점유율에 초점을 두고 있다.
② 거래적 고객관리가 신규고객 확보가 중요했다면, 관계적 고객관리는 기존고객 유지에 초점을 두고 있다.

2. 상품관리 시 품목 구성과 매출액 관계의 80:20 원칙의 의미를 기술하시오.

정답 이탈리아의 경제학자 파레토가 발견한 법칙으로 '전체 결과의 80%는 20%의 원인에서 비롯된다'는 의미이다. 텔레마케팅을 통한 판매에서 염두에 두어야 할 원칙으로, CRM을 통해 기존 우량고객과의 장기적인 관계를 형성해 나가는 것이 중요하다는 것을 뒷받침해준다.

3. 고객과의 신뢰를 중시하는 고객지향적 경영기법인 CRM의 발생 배경 4가지에 대해 기술하시오.

정답
① 고객 삶의 가치관 변화
② IT 기술 발달로 인한 변화
③ 시장의 전문화 및 세분화
④ 비효율적인 매스마케팅
⑤ 마케팅 커뮤니케이션의 변화

4. 고객이 어떤 기업의 상품을 최초로 구입할 날로부터 현재 그리고 미래에 예상되는 그 기업에 제공하게 될 순이익 가치를 무엇이라 하는지 쓰시오.

정답   고객생애가치(LTV)

5. 다음 괄호 안에 들어갈 내용은 무엇인가?

> 고객 선별 단계 → 고객 획득 단계 → (   ) → 고객 유지 단계

정답   고객 개발 단계

6. 많은 데이터 가운데 유용한 상관관계를 발견하고 미래에 실행 가능한 정보를 추출하여 의사
결정에 이용하는 과정을 무엇이라고 하는지 쓰시오.

정답 | 데이터마이닝

7. 고객과 지속적 관계 유지를 위해 고객과 관련된 기업의 내, 외부 자료를 분석, 통합하여 고
객 특성에 기초한 마케팅 활동을 계획하고 지원하며 평가하는 과정을 무엇이라고 하는가?

정답 | CRM(고객관계관리)

8. CRM의 도입에 따라 기업에서 기대할 수 있는 효과를 5가지만 쓰시오.

정답 | ① 안정적이고 지속적으로 고객과의 관계를 유지할 수 있다.
② 고객에 대한 반응을 신속하게 확인할 수 있다.
③ 기존의 고객 이탈을 방지할 수 있다.
④ 기존고객과의 관계에 초점을 두어 신규고객 확보로 인한 비용을 절감할 수 있다.
⑤ 기업의 이미지 제고 및 종업원의 이직이 감소된다.

9. 다음 (   )에 들어갈 용어를 쓰시오.

> (   )는 고객 생애에 걸쳐 고객 관계를 관리하여 기업이 장기적인 수익을 창출하게 해준다.

정답 | CRM(고객관계관리)

10. CRM을 구현하기 위한 전제조건을 3가지 쓰시오.

정답 | ① 고객 중심의 비즈니스 모델 설정
② 통합고객 데이터베이스 구축
③ 고객정보의 신뢰성 확보

12. CRM의 구축단계(7단계)를 순서대로 나열하시오.

정답 | CRM 목표 설정 → 데이터 환경 구축 → 고객 이해 → 설계 → 개발 → 실행 → 검토

13. CRM의 중요성을 4가지 쓰시오.

정답
① 안정적이고 지속적으로 고객과의 관계를 유지할 수 있다.
② 고객에 대한 반응을 신속하게 확인할 수 있다.
③ 기존의 고객 이탈을 방지할 수 있다.
④ 기존고객과의 관계에 초점을 두어 신규고객 확보로 인한 비용을 절감할 수 있다.
⑤ 기업의 이미지 제고 및 종업원의 이직이 감소된다.

14. 전통적 마케팅과 CRM 중심 마케팅을 비교할 때 성과지표의 관점에서 차이점을 쓰시오.

정답
전통적 마케팅은 시장점유율을 높이기 위해 신규고객 획득 등으로 사용하는 비용이 컸으나, CRM 중심의 마케팅은 기존고객과의 관계를 중심으로 신뢰를 쌓으며 신규고객 획득으로 인한 비용을 절감할 수 있다. 또한 전통적 마케팅은 고객의 정보 및 욕구를 파악하는 데 시간이 많이 소요되었으나, CRM 중심의 마케팅은 데이터베이스화된 정보를 바탕으로 신속하게 고객의 욕구를 충족시켜 줄 수 있다.

15. 고객생애가치(LTV)는 특정 고객이 기업에 최초로 상품을 구입한 날로부터 현재까지 누적된 기업에 기여해 준 순이익가치를 의미한다. 고객생애가치에 영향을 미치는 4가지 요소를 쓰시오.

정답 │ 고객반응률, 고객신뢰도, 고객기여도, 고객성장성

16. CRM의 목적은 고객생애에 걸쳐 고객 관계를 구축하고 강화하여 고객의 이익을 극대화하고, 이를 통해 기업의 수익성을 극대화하는 것이다. 이러한 목적을 달성하기 위한 CRM의 특징 3가지를 쓰시오.

정답 │ ① 관계지향적, 고객지향적이다.
② 고객과 쌍방향 커뮤니케이션을 한다.
③ 신규고객 획득보다 기존의 우수고객에게 초점을 맞춘다.
④ 데이터베이스 마케팅을 활용한다.
⑤ 마케팅 부서뿐 아니라, 기업의 전사적인 관점이 필요하다.

17. 콜센터가 CRM을 효과적으로 구현하기 위해 사람, (   ), 기술을 최선으로 유지해야 한다.

정답 | 데이터베이스

18. CRM은 (①) 고객확보, (②) 고객 유지를 통해 기업의 (③) 절감과 (④) 확대를 목적으로 한다.

정답 | ① 신규, ② 기존, ③ 비용, ④ 수익

19. CRM의 구축 목표를 쓰시오.

정답 | ① 기업이 원하는 방법으로 고객가치를 충족시키는 것
② 고객 데이터베이스를 확보하여 고객 활성화, 고객을 유지하는 것
③ CRM을 통해 마케팅 비용을 감소시키고, 서비스 제공 단계 또한 간소화시키는 것

20. CRM은 (A) 고객 확보, (B) 고객 유지를 통한 고객의 수 증대 및 고객 (C) 방지를
    함으로써 고객과의 관계 구축 및 고객가치 증진을 통한 매출 및 고객충성도를 향상시키고,
    고객유지비용의 최적화를 통해 기업의 수익을 극대화하는 데에 목적이 있다.

(A)

(B)

(C)

정답 | (A) 신규, (B) 기존, (C) 이탈

21. 시장점유율과 고객점유율의 정의를 쓰시오.

정답
- 시장점유율 : 특정 업종의 제품 시장에서 취급하는 전체 거래 중에서 특정 기업이 차지하는 비율로 마케팅에서
  는 고객획득률을 의미한다.
- 고객점유율 : 장기간에 걸쳐서 한 명의 고객에게서 동일한 상품 중 자사 제품의 구입을 위해 지출하는 비용의
  비율 또는 점유율을 의미한다.

22. CRM에서 80:20 이란?

정답 | 20%의 고객이 80%의 수익을 창출한다는 의미이다. 텔레마케팅을 통한 판매에서 염두에 두어야 할 원칙으로, CRM을 통해 기존의 우량고객과의 장기적인 관계를 형성해 나가는 것이 중요하다는 것을 뒷받침 해 준다.

23. CRM의 효과를 쓰시오.

정답 | 우수 고객 유지, 고객 충성도 향상, 교차 판매, 비용 절감

24. 고객 로열티 형성에 영향을 주는 4가지를 쓰시오.

정답 | 구매 횟수, 이용기간 및 이용 실적, 회사 기여도, 주위 고객 추천 및 소개 정도

Chapter 03 마케팅 전략기획

01. 환경 분석의 특징 및 종류

1. 환경 분석의 정의 및 중요성

환경이란 기업을 운영해 나가는 과정에서 직접, 간접적으로 영향을 주는 것으로, 사회적인 상황이나 자연적인 조건 모두 포함된다. 기업에 영향을 주는 환경이라는 것은 기업을 둘러싸고 있는 외부환경뿐 아니라, 조직원들의 역량이나 기업의 자본 등 내부환경도 포함된다.

2. 외부환경 분석

(1) 거시환경

거의 모든 기업에 동시에 영향을 미치는 요인으로 보통 경제, 사회 문화, 정치, 기술, 법률규제 등으로 나뉜다.

(2) 미시환경

해당 산업 내에 있는 기업들에 서로 영향을 미치며 직접적인 경쟁의 강도를 결정하기 때문에 경쟁환경이라고도 부른다.

3. 내부 환경 분석

기업의 내부환경을 분석한다는 것은 기업이 가지고 있는 자금이나 연구, 설비 등의 자원을 분석하는 것과 기업문화나 기능별 부서 조직을 분석하는 것으로 나뉠 수 있다. 같은 자원을 똑같이 가지고 있다고 해도, 자원을 활용하는 조직 구조에 따라 결과는 크게 달라질 수 있다.

4. 환경 분석 비법

(1) SWOT 분석

마케팅 환경을 분석하는 데 있어서 가장 중요한 것은 기업이 가지고 있는 내부자원과 역량으로 외부의 위협을 어떻게 이겨나갈 것이며, 기회를 어떻게 잡을 것인가이다. SWOT 분석은 기업의 강점(Strength), 약점(Weakness), 기회(Opportunity), 위협(Threat) 을 분석하고 전략을 세우는 것이다.

[SWOT 분석을 통한 마케팅 전략]

	강점 S	약점 W
위협 T	ST) 강점을 이용하여 위기 극복	WT) 가장 위험한 상황으로 집중화와 안정성이 우선
기회 O	SO) 성공 확률이 가장 높으며, 사업 확장의 적기	WO) 기회를 포착하여 핵심 역량으로 극복

(2) BCG 매트릭스

BCG 매트릭스는 1970년대 보스턴컨설팅 그룹에 의해 개발된 분석 도구로써, 각 전략사업 단위를 상대적 시장점유율과 현재 및 예측성장률에 의해 분류한 것이다. 단, 평가하는 요소가 상대적 시장점유율과 시장성장율 이 두 가지뿐이므로 오류에 빠지기 쉽다는 단점이 있다.

① BCG 매트릭스 분석을 통한 마케팅 전략
　가. 투자(확대) 전략
　　• 물음표 사업부에 적절한 전략으로써, 상대적 시장점유율을 높이기 위해 현금 자산을 투자하는 전략이다.
　　• 하지만 현재의 상대적 시장점유율이 낮기 때문에 즉각적인 현금수입은 기대하기가 힘들다.
　나. 유지 전략
　　• 강한 현금젖소 사업부에 적절한 전략유형으로써, 상대적 시장점유율을 현재 수준에서 유지하려는 전략이다.
　다. 수확 전략
　　• 약한 현금젖소, 약한 물음표 사업부에 적절한 전략유형으로, 장기적인 효과에 상관없이 단기적 현금흐름을 증가시키기 위한 전략유형이다.

라. 철수 전략
- 다른 사업에 투자하기 위해 특정 사업을 처분하는 전략이다.

② BCG 매트릭스의 4분류

가. STAR
- 상대적 시장점유율과 시장성장율 모두 높은 상태로, 최고 이윤을 남길 수 있지만 이미 많이 개발되어 있는 상황이라 빠른 속도로 성장해야 살아남을 수 있다.
- 사업부의 제품들은 제품수명주기 상에서 성장기에 속한다.
- 이에 속한 사업부를 가진 기업은 시장 내 선도기업의 지위를 유지하고 성장해가는 시장의 수용에 대처하고, 여러 경쟁 기업들의 도전에 극복하기 위해 자금의 투자가 필요하다.

나. Cash COW
- 높은 상대적 시장점유율과 낮은 시장성장율을 갖고 있어서 투자 대비 수익을 가장 많이 올릴 수 있는 상태이다. 그 이유는 시장의 성장률이 둔화되었기 때문에 그만큼 새로운 설비투자 등과 같은 신규자금의 투입이 필요 없고, 시장 내에 선도기업에 해당되므로 규모의 경제와 높은 생산성을 누리기 때문이다.
- 제품수명주기 상에서 성숙기에 속하는 사업부이다.

다. DOG
- 상대적 시장점유율도 낮고, 시장성장율도 낮은 상태로 거의 대부분은 사업을 철수하거나 퇴출이 된다.
- 제품수명주기 상에서 쇠퇴기에 속하는 사업이다.

라. ? (Question mark)
- 시장성장율은 높으나 상대적 시장점유율은 낮은 상태로 핵심역량을 잘 파악하여 투자를 결정해야 하는 상태이다.
- 이 사업부의 제품들은 제품수명주기 상에서 도입기에 속하는 사업부이다.

02. 제품 전략 수립하기

1. 마케팅믹스의 정의 및 특징

① 마케팅믹스란 기업의 마케팅 목표를 달성하기 위해 활용하는 가장 중요한 수단이라고 할 수 있다.
② 마케팅 전략 중 기업이 제품을 개발하고, 가격을 설정하여 판매하며, 판매채널을 개발하고, 판촉활동을 전개하는 것이다.
③ 마케팅믹스는 제품(Product), 유통조직(Place), 가격(Price), 촉진(Promotion)의 총 4가지 요소로 구성된다. 이 4가지 요소는 유기적인 관계로 서로 영향을 주고받는다.
④ 기업의 입장에서 제시한 4P에서 고객의 입장에서 제시하는 4C(Consumer, Cost, Convenience, Communication)로 바뀌어야 한다는 주장도 있다.

2. 제품의 개념과 구성요소

"제품"이라고 하면 눈에 보이는 유형적인 것만을 떠올리기 쉬우나, 무형적인 부분도 포함된다.

① 협의의 제품 – 유형의 제품을 뜻한다.
② 광의의 제품 – 유형의 제품과 무형의 서비스를 모두 포함하는 개념이다.

3. 제품의 분류

제품은 재료들을 사용하여 만든 완성품을 뜻한다. 소비자가 소비를 목적으로 구매하는 제품을 소비재라고 하며, 소비자의 구매 행동에 따라 다음과 같이 나뉜다.

(1) 편의품

적은 양을 자주 구입하는 제품으로, 구매 빈도가 높고 가격이 낮은 경우가 대부분으로 습관적으로 구매하기 쉽다. 상표 선호도가 높은 편이며, 치약이나 비누, 물, 세제 등이 여기에 속한다.

(2) 선매품

가격이나 상표들을 비교한 이후 구매하는 제품으로 대부분 가격이 조금 높은 편이며, 기업에서는 차별성과 우수성을 내세운 광고를 이용한다. 자동차나 패션의류, 가구 등이 포함된다.

(3) 전문품

가장 관여도가 높고, 빈도는 가장 낮다. 지식이나 독특한 성향에 의해 구매하게 되며, 구매할 때 시간이나 노력이 가장 많이 소요되는 편이다. 소비자의 사회적 지위를 강조하여 마케팅을 펼치기도 하는데 명품 옷이나 신발, 최고급 시계 및 보석 등이 포함된다.

참고

소비재의 특징

	편의품	선매품	전문품
구매 전의 계획 정도	거의 없다.	있다.	상당히 높다.
가격	저가	중, 고가	고가
제품에 대한 브랜드 충성도	거의 없다.	있다.	특정 상표를 선호
고객쇼핑에 대한 노력	최소한이다.	보통이다.	최대한이다.
제품회전율	빠르다	느리다	가장 느리다.

(4) 비탐색품

평소에 소비자들이 잘 모르고 있거나 또는 필요성에 대해 알고 있어도 현재에는 별로 관심이 없는 제품을 말한다.
예 보험, 헌혈, 묘지

4. 제품수명주기(PLC, Product Life Cycle)

제품이 처음 시장에 등장하는 시기부터 사라지기까지의 단계를 말하며, 각 단계의 특성을 파악하고 있어야 판매량이나 투자 등을 예측하고 마케팅 전략을 펼칠 수 있다.

도입기 → 성장기 → 성숙기 → 쇠퇴기

(1) 도입기

시장에 처음 등장했기 때문에 아직 경쟁자가 적은 편이며, 신제품 연구 및 시장 도입으로 인해 투자가 이루어져서 가격은 높은 편이다. 신규고객을 끌어들여야 하기 때문에 고객 당 촉진비 또한 높은 편이며, 이 시기에 구입하는 소비자는 대부분 정보에 빠른 젊은 사람이거나 혁신층이라고 할 수 있다. 따라서 시장규모를 넓히거나 제품 인지도를 확대하는 데 목표를 두고 마케팅 해야 하며, 이 시기에 매출은 낮은 수준이지만 서서히 증가한다.

참고

※ 도입기의 특징
- 제품이 시장에 처음 소개된 시기, 즉 제품이 처음으로 출시되는 단계로 제품에 대한 인지도나 수용도가 낮고, 판매성장률 또한 매우 낮다
- 이익이 전혀 없거나, 혹은 "–"이거나, 있다 해도 이익 수준이 극히 낮다.
- 시장진입 초기이므로, 과다한 유통촉진비용이 투입된다.
- 경쟁자가 없거나 혹은 소수에 불과하다.
- 제품 수정이 이루어지지 않은 기본형 제품이 생산된다.
- 기업은 구매가능성이 가장 높은 고객에게 판매의 초점을 맞추고, 일반적으로 가격은 높게 책정되는 경향이 있다.

(2) 성장기

매출액이 급격히 증가하는 시기이기도 하지만 경쟁자가 대거 진입하는 시기이기도 하다. 그렇기 때문에 가격 또한 경쟁사의 상황을 보아 탄력적으로 운영하게 되고, 시장점유율 확대를 목표로 마케팅 전략을 세우는 것이 좋으며, 제품라인 확대를 고려하는 것도 좋다. 소비자는 조기 수용층으로 고객 당 촉진비는 평균 정도이다.

참고

※ 성장기의 특징
- 제품이 시장에 수용되어 정착되는 단계이다.
- 실질적인 이익이 창출되는 단계이다.
- 도입기에서 성장기에 들어서면 제품의 판매량은 빠르게 증가한다.
- 이윤도 증가하지만 또한 유사품, 대체품을 생산하는 경쟁자도 늘어난다.
- 가격은 기존 수준을 유지하거나 또는 수요가 급격히 증가함에 따라 떨어지기도 한다.

(3) 성숙기

성장률은 정체되는 시기이지만 매출액은 최고 수준을 유지하는 단계이다. 경쟁력이 약한 경쟁자는 도태되며, 제품 차별화나 재포지셔닝이 필요한 시기이다. 브랜드 이탈을 유도하기 위한 판매전략을 세워야 하고, 이 시기에는 평범한 고객들이 주로 이용하게 되며, 경쟁사들간의 경쟁도 심한 편이다.

참고

※ 성숙기의 특징
- 경쟁제품이 출현해서 시장에 정착되는 성숙기에는 대부분의 잠재소비자가 신제품을 사용하게 됨으로써 판매성장률은 둔화되기 시작한다.
- 경쟁 심화를 유발시킨다.
  · 많은 경쟁자를 이기기 위해 제품에 대한 마진을 줄이고, 가격을 평균생산비 수준까지 인하하게 된다.
  · 기존과는 달리, 제품 개선 및 주변 제품 개발을 위한 R&D 예산을 늘리게 된다.
  · 강진 약퇴의 현상이 발생하게 된다.

---

(4) 쇠퇴기

매출이 감소하고 경쟁사도 감소하는 단계이다. 기업에서는 가격인하나 패키지 상품화로 재고소진과 감소한 매출량을 높이고자 노력한다. 판매 프로모션 전략은 축소되며 약한 모델은 퇴출시키고 집중화, 다각화 전략을 펼친다.

※ 쇠퇴기의 특징
- 제품이 개량품에 의해 대체되거나 제품라인으로부터 삭제되는 시기이다.
- 거의 모든 제품들의 판매가 감소하면서 이익의 잠식을 초래하게 된다.

참고

03. 가격 전략 수립하기

1. 가격의 개념 및 특성

(1) 가격의 개념

"가격"이란 제품이나 서비스에 대하여 부과하는 요금을 말한다. 고객의 입장에서는 구입하는 서비스 또는 상품뿐 아니라 해당 구매로 인해서 얻게 되는 가치들에 대해 지불해야 하는 것을 가격이라고 할 수 있다. 터무니없이 너무 높은 가격을 책정하면 고객을 잃게 되고, 너무 낮은 가격으로 판매하면 기업경영이 어려워 유지가 어려울 수 있어 마케팅 관리자는 가격 전략에 대해 알아두어야 한다.

참고

※ 가격세분화 전제조건
- 정부의 규제 : 불법적인 형태가 아니어야 한다.
- 수요상황 : 세분된 시장별로 수요의 강도가 달라야 한다.
- 원가구조 : 가격세분화로 인한 수익이 비용보다 커야한다.
- 가격세분화로 인한 고객의 불만족한 감정이 유발되지 않아야 한다.
- 경쟁자 상황 : 경쟁사들이 더 낮은 가격으로 판매할 수 없어야 한다.
- 세분시장에서 저가격에 사서 다른 곳에서 고가격으로 판매될 수 없어야 한다.

(2) 가격 전략의 종류

① 침투 전략

저가격을 내세우며 시장 침투를 하려는 전략으로 매출보다는 높은 시장점유율을 목표로 마케팅 할 때 사용한다. 수익은 적지만 매출은 빠른 속도로 증가해서 시장을 잠식하고, 경쟁자의 시장진입도 어려워진다.

② 초기 고가 전략

가. 높은 가격으로 시장에 내놓는 전략이라고 할 수 있으며, 진입장벽이 높아 경쟁기업의 진입이 어려울 때 적합하다.

나. 규모의 경제효과를 통한 이득이 미미할 때, 높은 품질로 새로운 소비자층을 유인하고자 할 때 활용한다.

다. 단기에 투자비용을 회수할 수 있다는 이점이 있고, 주 고객층이 젊은 층이다.

2. 가격결정에 영향을 미치는 요인

가격결정을 할 때 영향을 미치는 요인은 크게 두 가지로 나눌 수 있다. 기업을 둘러싸고 있는 시장이나 고객 등의 특성과 연결된 외부적인 요인과 협력업체의 사정, 원자재, 마케팅 전략, 조직 등의 내부적인 요인이 있다.

참고

> ※ 가격의 중요성
> - 예기치 않은 상황에 의해 가격이 결정될 수 있다.
> - 수요가 탄력적인 시장 상황에서 매우 쉽게 변동될 수 있는 요인이다.
> - 마케팅믹스 중 가장 강력한 도구이다.
> - 자사의 제품이나 서비스의 효용에 대해 소비자가 부여한 가치이다.
> - 기업의 이익이나 소비자의 구매 및 정부의 정책 결정에 중요한 역할을 한다.

(1) 기업 내적인 영향

① 원가구조

기업이 상품 및 서비스를 생산하기까지는 각 단계별로 비용이 발생된다. 이 비용을 원가라고 하며, 제품의 생산 원가는 기업활동을 하기 위하여 마케팅 관리자가 소비자들에게 요구하는 가격의 하한선이 된다.

② 마케팅믹스 전략

가격을 결정하는 일 또한 마케팅믹스의 또다른 요소들에 관한 의사소통의 결과라고 할 수 있다.

(2) 기업 외적인 영향

① 소비자의 수요 형태

소비자의 소비성향 및 구매패턴의 변경 등은 기업의 가격을 결정하는 데 영향을 준다.

② 경쟁자의 가격과 거래 포장

경쟁자들의 치열한 경쟁이 있는 시장이라면 경쟁기업들에 의해 정해진 시장가격을 토대로 결정하는 것이 바람직하다.

③ 정부의 규제 요인

가격의 결정권은 기업이 자율적으로 처분할 수 있는 권한을 가지고 있는 것은 아니며 정부의 직접, 간접적인 규제 등 법령의 변경 및 폐지로 인한 부분도 가격에 영향을 미친다.

3. 가격의 유형

원가 등의 내부적인 요인인 마케팅 전략과 시장, 소비자 반응 등의 외부적인 요인을 살펴 다양하게 검토한 후 가격을 결정해야 하는데, 관습적으로 가격을 결정하거나 하나의 변수만을 토대로 가격을 결정하기보다 다양한 전략을 알아두고 상황에 맞는 가격전략을 펼치는 것이 중요하다.

(1) 원가 중심 가격결정

원가 중심 가격결정 방법에는 원가가산 가격결정방법과 목표이익 가격결정방법이 있다. 제품의 원가에 일정 수준을 넘거나 목표 매출을 정해 놓고 가격을 결정하는 방법으로 모두 판매량에 영향을 미치는 수요의 탄력성과 경쟁자의 가격을 고려하지 못한다는 단점이 있다.

① 원가가산법
  가. 기업들이 가장 많이 선호하는 가격결정법으로 제품 원가에 일정률의 이익을 더하고 판매가격을 결정하는 가장 기본이 되는 가격결정의 방법이다.
  나. 가격 설정 절차가 매우 단순하다는 점, 원가를 토대로 결정된 가격으로 소비자 및 정부를 이해시키기 쉽다는 장점이 있으나 신제품, 경제 상황 등으로 인해 원가를 정확하게 계산하기 어려운 경우나 원가 추정이 어려운 상황에서는 부정확한 가격이 결정될 수 있다는 단점이 있다.

(2) 목표이익가산법

  가. 목표로 하는 투자이익을 정해 놓고 거꾸로 가격을 산정하는 방식이다.
  나. 목표이익가산법으로 가격을 정하기 위해서는 우선 원가와 예상판매량을 예측해야 하며, 수요가 감소할 시 가격은 그만큼 상승되어야 한다는 특징도 있다.

(3) 소비자 심리에 근거한 가격결정

① 유인가격
  타사에 뺏길 고객을 다시 되돌릴 만한 방법으로 특정한 제품을 Loss Leader로 선택

하여 자사로 유인해오는 방법이다.

② 관습가격

소비자들이 오랜 기간 동안 일정한 금액으로 구입했던 기억이 있던 관습으로 굳어진 가격으로 판매하게 되는 결정법으로 예를 들어, 목욕탕 금액을 몇 년 동안 유지해 왔다면 관습처럼 굳어져 금액을 인상하기 힘들다.

③ 명성가격

고급 향수, 고급 자동차 등의 상품처럼 가격과 품질이 우수한 제품인 경우 고가격을 유지하는 경우가 많다. 고객의 사회적 지위와 관련된 마케팅 전략으로 판매하는 경우가 많다.

④ 단수가격

경제성의 이미지를 제공하여 구매를 자극하기 위해 단수의 가격을 구사하는 전략으로 2,000원으로 표시된 가격표보다 1,990원은 10원 차이지만 고객들은 훨씬 저렴하다고 느끼고 구입하게 된다.

(4) 경쟁 제품 중심 가격결정

시장점유율을 빠르게 확보해야 할 때 사용할 수 있으며 인지도가 높거나, 차별적인 우위가 있는 경우에는 고가격 전략을 사용하기도 한다.

참고

가격 세분화 전제조건
- 경쟁자 상황 : 경쟁사들이 더 낮은 가격으로 판매할 수 없어야 한다.
- 수요 상황 : 세분된 시장별로 수요의 강도가 달라야 한다.
- 원가구조 : 가격 세분화로 인한 수익이 비용보다 커야 한다.
- 정부의 규제 : 불법적인 형태가 아니어야 한다.
- 세분시장에서 저가격에 사서 다른 곳에서 고가격으로 판매될 수 없어야 한다
- 가격세분화로 인한 고객의 불만족한 감정이 유발되지 않아야 한다.

4. 가격결정

소비자들의 구매 의사 결정에서 가격 요소가 차지하는 비중은 과거에 비해 다소 줄어들고 있으나, 기업의 매출 및 시장점유율을 결정하는 데 가장 큰 역할을 하기 때문에 가장 적합한 가격을 결정해서 시장에 판매해야 한다. 가격을 결정할 때 거쳐야 할 단계들은 총 6단계이다.

> '가격결정 목표설정 → 수요결정 → 원가추정 → 경쟁사의 원가, 가격 및 제공
> 물의 분석 → 가격결정 방법의 선정 → 최종 가격결정'

(1) 가격결정 목표설정

기업의 목표가 명확할수록 가격결정이 용이해진다. 먼저, 단기이익의 극대화 혹은 장기적인 존속을 목표로 하는 가격인지 결정해야 하고, 시장점유율 극대화를 위한 것인지, 시장 고가정책을 극대화하기 위한 가격인지, 마지막으로 제품-품질 선도 기업이 되고자 하는지 기업의 목표를 먼저 설정하도록 한다.

(2) 수요결정

가격이 결정되면 수요량 또한 변화된다. 그러므로 기업은 다양한 방법을 활용하여 수요를 예측하고 연구해야 한다.

(3) 원가추정

원가는 기업이 가격을 결정할 때 하한선이 되는데, 원가를 정확하게 측정하지 못하는 경우에는 기업의 순이익 또한 정확하게 측정하기 어렵다.

(4) 경쟁사의 원가, 가격 및 제공물 분석

원가, 시장 수요 등으로 가격 범위가 결정되면 경쟁사의 원가 등의 사항을 분석하고 자사의 가격결정에 함께 참고한다.

(5) 가격결정 방법 설정

원가, 소비자, 경쟁사 중심의 가격결정 방법을 설정하는데, 단 한 가지 방법만으로는 설정하지 않도록 하며, 기업과 제품의 특성 또한 고려하여 설정하도록 한다.

(6) 최종 가격결정

5단계를 통해 가격결정 방법을 설정한 이후, 가격 범위를 줄이고 내부적으로 다시 한 번 의사결정을 통하여 가격을 결정한다.

04. 유통 전략 수립하기

1. 유통관리의 개념 및 역할

(1) 유통관리의 개념

① 기업에서 생산한 제품을 최종 소비자에게 전달하는 통로
② 도매상이나 소매상 등의 중간상인이 존재하며 상품이 소비자에게 적절한 시기와 수량, 적절한 위치에 전달될 수 있도록 한다.

(2) 유통관리의 중요성

① 수많은 경쟁사, 세계화, 전자시스템의 개발 등은 신유통관리와 더욱 철저한 유통관리의 중요성이 부각되고 있다.
② 유형 제품이 아닌, 무형의 서비스는 보관하거나 저장할 수 없는 소멸성의 특징 때문에 수요와 공급을 예측하고 관리하기 위해 유통관리가 필요하다.

2. 유통경로의 구조

(1) 유통경로의 특징

① 생산자, 도매상과 소매상 등의 중간상, 최종 소비자로 구성된다.
② 생산자가 중간상을 통하여 판매를 하는 이유는 중간상을 이용함으로써 표적시장의 제품 접근성을 높이고 최종 소비자가 편한 시간과 공간에서 구입할 수 있도록 하기 위함이다. 또한 중간상들은 다량으로 구입해서 소비자가 원하는 다양한 종류의 상품을 소량으로 판매하기 때문에 수요와 공급을 연결시켜주는 역할을 한다.

(2) 유통경로의 기능

생산자로부터 소비자에게 제품을 전달하는 과정에서 유통경로는 크게 4가지 기능을 수행하며 장소, 시간, 소유, 형태효용의 기능을 담당한다.

① 장소효용(Place utility)

소비자가 어디에 있던지 원하는 장소에서 제품 및 서비스를 구매할 수 있도록 하는 기능이다.

② 시간효용(Time utility)

소비자가 언제든 원하는 시간에 제품 및 서비스를 구매할 수 있도록 하는 기능이다.

③ 소유효용(Possession utility)

생산자 소유였던 제품이나 서비스를 중간상을 거쳐 이동시킴으로써 소유권이 이전되도록 하는 기능을 뜻한다.

④ 형태효용(Form utility)

처음에 생산된 제품이나 서비스를 최종 소비자에게 판매하기 이전에 조금 더 호감 있게 보이도록 하기 위해 형태나 모양을 변형시켜 소비자의 욕구에 한걸음 다가서는 역할을 한다.

3. 유통경로 설계과정

(1) 유통경로의 원칙

① 분업의 원칙

하나의 중간상이 유통경로에 참여하는 것보다 여러 중간상이 다양한 기능들을 분업하여 기능을 수행하는 것이 더욱 바람직하며, 이 때 수행하는 기능들은 보관, 정보수집, 위험 부담, 수급 조절 등이 있다.

② 변동비 우위의 원리

한 기업이 대규모화로 제조와 유통을 모두 함께 부담하기보다 유통기관에서 역할을 나누어 기능을 하는 것이 비용과 효율성 면에서 훨씬 유리하다는 것이다.

③ 집중준비 원칙

유통경로에 도매상이 개입되면 소매상의 대량 보관기능을 분담한다는 개념으로 상품의 보관 총량은 감소시키면서 소매상은 최소량만을 보관하게 되어 재고 부담을 줄이게 된다.

④ 총 거래 수 최소화의 원칙

중간상이 유통경로에 개입하게 될 경우 거래의 총량이 감소하게 되고, 제조업자와 소비자 모두에게 실질적인 비용이 감소하게 된다.

(2) 유통경로의 설계 절차

기업에서 제품을 소비자에게 효율적으로 판매하기 위해서는 최적의 유통경로를 선택하는 것이 무엇보다 중요하며, 잘못 판단한 유통경로를 수정, 변경하는 일은 매우 어렵기 때문에 철저하게 분석 후 판단해야 한다.

① 소비자 욕구 분석

표적시장에 있는 소비자들이 원하는 가치가 무엇인지를 먼저 파악하는 것에서부터 시작된다. 유통경로의 업무 분담이 이루어지는데 소비자의 접근성이 쉽고 높아질수록 제품의 구색이 다양하고, 더욱 많은 부가서비스를 제공받을 때 고객의 만족도는 높아진다.

② 유통경로의 목표 설정

목표를 설정할 때에는 기업과 상품의 특성, 중간상의 특성, 환경적 요소, 경쟁기업의 경로 등을 먼저 고려해야 하며, 경로 목표는 되도록 계량화하는 것이 좋다.

③ 유통경로의 대안 확인

특정 지역이나 장소를 의미하는 유통집중도(경로 커버리지)와 경로 구조의 길이를 비교하며 대안을 파악하는 과정이다.

가. 경로 커버리지

A. 집중적 유통(Intensive distribution)

담배, 껌, 세제 등의 편의품인 경우가 해당되며, 되도록 많은 점포에서 취급하도록 할 때 선택하는 유통경로 전략이다.

B. 전속적 유통(Exclusive distribution)

단일 전문점이나 백화점을 통해 유통되는 보석이나 고급의류 제품에 해당되며, 일정한 지역에서 점포가 자사 제품을 독점으로 취급하고 판매하도록 하는 유통경로 전략이다.

C. 선택적 유통(Selective distribution)

일정한 자격을 갖춘 소수의 중간상에게만 자사의 제품을 취급, 판매하도록 하는 전략을 뜻하며 가전제품이나 가구 등이 있다.

④ 유통경로의 대안 평가 및 결정

4. 물적 유통관리

(1) 물적 유통관리의 개념

완성된 제품 및 서비스를 생산자로부터 소비자에게 효율적으로 이동시키는 제반 활동이라고 할 수 있다. 마케팅에서 물류관리가 중요한 이유는 마케팅 총비용에서 물류관리비용이 적지 않고, 원활한 물류관리는 고객의 수요에 맞는 서비스를 적시에 제공하여 고객만족도는 물론 기업의 서비스 경쟁력이 높아지기 때문이다.

(2) 물적 유통관리의 목표

① 고객 서비스 수준 향상

모든 고객은 주문한 제품 및 서비스를 고객이 원하는 양과 질, 시간에 적당한 가격에 제공받기를 원하는데 이를 충족시키기 위해서는 서비스 수준을 정확하게 파악하는 것이 가장 중요하다.

② 총비용 최소화

물적 유통에서 총비용이라는 것은 서비스를 제공하면서 발생하는 모든 비용을 뜻하고, 어떠한 특정 요소에 대한 비용을 줄이는 것보다 수송, 재고관리 등에서 발생하는 물류비용 항목을 파악하고 총비용을 최소화하는 것이다.

(3) 물적 유통관리의 기능

① 주문처리

판매원이나 고객 등에 의해 주문서가 작성되면 창고로 우송되면서 주문처리 과정이 시작된다. 여러 가지 방법으로 실행될 수 있지만 가장 중요한 점은 신속성과 정확성을 놓쳐서는 결코 안 된다는 점이다.

② 재고관리 및 통제

기업이 생산한 제품이 바로 소비되지 않기 때문에 미리 생산된 제품이 판매되기 이전까지는 제품을 보관해 두어야 한다. 기업은 재고비용을 최소화하고, 고객의 수요에 바로 대응하여 고객의 만족도를 높이는 것이 중요하다.

③ 수송

대표적 수송 수단으로는 철도, 트럭, 해상, 항공, 파이프라인 5가지로 각 수송수단마다 장단점이 있다. 제품의 가격이나 배달 능력 등을 고려하여 가장 적합한 수송수단을 결정한다.

④ 정보 시스템

효율적 물류관리를 위해 컴퓨터를 이용한 정보 시스템을 도입하는 기업이 많아지면서 신뢰성과 속도가 향상되고, 비용은 절약되는 장점이 있다. 기업은 사내 정보 시스템 전문가를 양성할 수 있어야 한다.

5. 소매상과 도매상의 개념

(1) 소매상의 개념 및 특징

① 최종 소비자에게 제품 및 서비스 등의 판매와 관련된 활동을 하는 중간단계의 상인을 말한다.

② 최종 소비자가 원하는 상품의 종류와 수량을 제공한다.

③ A/S, 배달, 사용방법 전달 등의 역할을 하며 고객 서비스를 제공한다.

④ 신용정책을 통하여 소비자의 구매 비용부담을 덜어주는 금융 기능을 담당한다.

정리

> 소매상이 소비자에게 제공하는 기능 4가지
> – 올바른 상품을 제공하는 기능
> – 적절한 상품의 구색을 갖추는 기능
> – 필요한 물건의 재고를 유지하는 기능
> – 상품정보, 유행정보, 생활정보를 제공하는 기능

(2) 소매상의 종류

① 전통적인 소매상 : 전문점, 백화점, 슈퍼마켓, 대중양판점 등

② 신 유통업체 : 할인점, 카테고리 킬러, 회원제 창고점, 무점포 소매상(홈쇼핑, 인터넷 쇼핑몰, 방문판매) 등

　가. 전문점

　　취급하는 상품의 계열은 한정되어 있지만 각 계열 내에서는 다양한 구색을 갖추고 있는 곳으로 의류, 가구 등 다양한 전문점이 등장하고 있다.

　나. 백화점

　　백화점은 하나의 건물 안에 의식주에 관련된 여러 가지 상품을 부문별로 진열

하고 이를 조직, 판매하는 근대적 대규모 소매상을 의미한다. 다양한 제품 계열을 취급하고 있으며, 다점포전략으로 지역별로 여러 곳에 설립하고 있다.

다. 슈퍼마켓

낮은 가격으로 대량 판매하는 점포이며, 시장 변화로 인하여 식품을 중심으로 다루던 형태에서 비식품도 취급하는 경향으로 변하고 있다. 또한 염가판매, 셀프서비스를 특징으로 하는 소매 업태를 말한다.

라. 대중양판점

백화점 못지 않게 고급이며 가격은 중저가로 의류, 잡화, 전자제품 등 다양한 상품을 판매하는 일용품 중심의 종합점이다.

마. 할인점

최소한의 서비스를 제공하면서 다양한 상품을 저렴한 가격으로 판매하는 것을 원칙으로 하고 있다.

바. 카테고리 킬러

취급하는 상품 계열이 하나이고, 매우 다양한 품목을 가지고 있다. 전문점과 딜러 서비스 수준은 낮은 편이나 가격이 저렴하며 주로 장난감, 가전제품, 스포츠 용품 등을 취급한다.

사. 회원제 창고점

회원제 도매클럽은 메이커로부터의 현금 일괄 구매에 따른 저비용 제품을 구비해서 회원제로 운영되는 창고형 도매상을 의미한다. 코스트코나 프라이스 클럽 등과 같은 회원제 창고점 등이 있다.

아. 방문판매

소비자가 판매원이 되기 때문에 광고비나 인건비가 적게 들며, 다단계회사도 포함된다. 대표적인 회사는 암웨이이다.

자. 홈쇼핑

보통 TV를 통해 상품을 판매하고, 전화 상담이나 주문을 하는 상호작용적 마케팅 시스템을 이용한다.

(3) 도매상의 개념 및 기능

① 제조업체로부터 구입한 물품이나 서비스를 소매상 등에 재판매를 하거나 사업을 목적으로 구입하는 고객에게 판매하고 이와 관련된 활동을 수행하는 상인을 말한다.

② 소유권 이전, 주문, 지불활동, 촉진 등의 경로 기능을 수행한다.

③ 제품의 생산과 소비 사이에 발생된 시간과 장소의 불일치를 해소시켜 준다.

(4) 도매상의 종류

① 상인도매상

현금판매도매상, 직송도매상, 트럭도매상, 선반도매상 등이 포함되며, 제조업자 소매상과는 별개의 독립된 사업체로서 제품의 소유권을 가진다는 특징이 있다.

② 대리도매상

마케팅 기능만을 수행하고, 제조업자와 고객과의 거래를 편리하게 도와주며, 취급하는 제품의 소유권은 가지고 있지 않다.

③ 제조업자 영업점

제조업자가 운영하고 소유하는 도매상을 말한다.

05. 촉진전략 수립하기

1. 판매촉진의 개념

(1) 판매촉진의 정의 및 특징

① 제품을 판매하기 위한 프로모션 중 PR, 광고, 인적판매 등을 제외한 모든 마케팅 활동을 말한다.

② 단기간에 이루어지며 중간상이나 최종 소비자를 대상으로 하는 촉진 활동이다.

③ 구매 시점에서 소비자의 구매 동기를 강력하게 자극할 수 있다는 특징이 있다.

④ 판매촉진의 효과는 단기적이기 때문에 장기적으로 상표충성도를 증진시키기 위한 목적이라면 활용이 부적합하다.

(2) 촉진전략의 종류

① 푸쉬 전략(Push strategy)

가. 유통경로상에 있는 각각의 구성원들이 그 다음 단계의 구성원들을 설득하는 전략

나. 영업사원들을 통해 프로모션을 하거나, 유통업체를 대상으로 이용한다.

다. 생필품 등의 브랜드 인지도가 낮은 상품에 적합하다.

라. 브랜드에 대한 선택이 점포 안에서 이루어진다.

마. 동시에 충동구매가 잦은 제품의 경우에 적합한 전략이다.

② 풀 전략(Pull strategy)

가. 생산자가 소비자의 수요를 직접 자극하는 방법이다.

나. 광고와 홍보를 주로 사용하며 쿠폰, 샘플제품, 경품, TV, 신문 등의 전국 광고의 방법을 이용한다.

다. 에어컨, 자동차 등의 브랜드 인지도가 높은 제품이나, 고가제품에 이 전략을 사용한다.

라. 점포에 오기 전에 미리 브랜드 선택에 대해서 관여도가 높은 상품에 적합한 전략이다.

2. 촉진체계의 유형

(1) 광고

① 광고주가 대가를 지불하고 제품, 서비스, 아이디어를 비인적 매체를 통하여 널리 알리고 구매를 설득하는 모든 형태의 촉진 활동을 말한다.

② 광고는 마케팅적 기능, 사회적 기능, 경제적 기능을 수행한다.

③ 짧은 시간에 다수의 대중에게 자사 제품 및 서비스의 정보를 제공할 수 있다.

④ 광고만을 통해서 고객에게 제공할 수 있는 정보의 양이 정해져 있고, 고객에 따라 개별화할 수 없다는 단점이 있다.

(2) 인적판매

① 판매원이 직접 고객과 접촉하며 제품과 서비스를 판매하는 활동을 의미하며, 한국 기업들은 인적판매를 영업이라고 인식하고 있다.

② 주로 산업재를 판매할 때 이용된다.

③ 도매상이 소매상에게 적용하는 판매 방식이다.

④ 인적판매의 과정은 "준비 → 설득 → 거래"의 3단계로 이루어진다.

(3) PR

① 고객 등 여러 집단과 좋은 관계를 구축하며 유지하고 기업의 이미지를 높여서 최종적으로는 구매 증대를 위한 것이다.

② 광고와 비슷한 효과를 가지고 오지만 매체비용은 지급하지 않는다.

③ 소비자가 더욱 신뢰하는 모습을 보인다.

④ 광고처럼 언제 어떤 내용으로 나가는지 알기 어려우며, 해당 내용을 통제할 수 없다는 한계가 있다.

(4) 판매촉진

① 가격경쟁이 심해지고, 제품의 질은 동질화되며, 많은 경쟁 제품들간의 상표 전쟁이 격화됨에 따라서 판매촉진의 중요성이 부각되고 있다.

② 주로 산업재를 판매할 때 이용된다.

③ 도매상이 소매상에게 적용하는 판매 방식이다.

3. 촉진방법

(1) 촉진방법의 분류

① 소비자 판촉 : 소비자에게 직접 제공하는 촉진 전략

② 중간상 판촉 : 제조업자가 소매상이나 도매상에게 제공하는 촉진활동으로 그들에게 동기를 부여하면서도 협조를 얻을 수 있다는 장점이 있다.

③ 사내 판매 촉진 : 판매 부문간의 활동이 조직화되어 다른 부분에 대해 서로 지원하고 협조하는 활동이다.

(2) 소비자 대상 판매촉진 전략

① 쿠폰(Coupon)

가격할인과 기간, 여러 조건들을 명시해 놓은 증서를 뜻한다. 구매를 유도하고, 단기적인 매출 증대에 효과가 있으나 장기적인 효과를 기대하기는 어렵다.

② 컨티뉴어티(Continuity)

고객충성도를 높이는 전략으로 마일리지 등의 단골고객 보상제도를 뜻한다. 고객의 정보를 저장하고 추후 마케팅에 활용하기 좋다.

③ 견본(Sampling)

소비자에게 샘플을 무료로 주거나 시음, 시식하는 것을 뜻하며, 고객에게 제품을 알리는 데 가장 효과적인 방법이라고 할 수 있다. 샘플 제작에 원가가 높지 않고 샘플 제품만으로도 상품의 특성과 효과를 볼 수 있는 상품에 적용하기 좋다.

④ 가격할인

한시적으로 가격을 인하시키는 전략으로 소비자를 쉽게 유인하고, 정확하게 가치를 제공할 수 있으며, 제조업체에서 가장 많이 활용한다.

⑤ 프리미엄(사은품 제공)

가. 자사의 제품이나 서비스를 구매하는 고객에 한해 다른 상품을 무료로 제공하거나 저렴한 가격에 구입할 수 있는 기회를 제공하는 것을 말한다.

나. 사은품은 구매 즉시 제공되거나 리베이트와 같이 구매증거를 제시할 경우에 제공된다.

다. 만약 우편으로 사은품을 배포하는 경우 고객 데이터베이스를 구축할 수 있으며, 사은품 제공이 브랜드 이미지의 향상과 더불어 브랜드 자산을 강화시킬 수 있다.

⑥ 컨테스트 & 추첨

가. 제품을 구매하지 않더라도 참여할 수 있는 방법이다. 이는 지식 및 기술을 질문하여 문제를 맞춘 사람 또는 심사를 통과한 사람에게 상을 주는 방식으로 소비자들의 관여도를 높이는 데 효과적으로 사용되는 방법이다.

나. 추첨이란 제공될 상금 또는 상품 등이 순전히 운에 의해 결정되는 방식이다.

⑦ 보너스 팩

가. 같은 제품 또는 관련 제품 몇 가지를 하나의 세트로 묶어 저렴한 가격에 판매하는 것을 말한다.

나. 예를 들어, 라면 5개들이 한 봉지를 4개 값에 판매하는 경우가 이에 해당한다.

다. 대량 또는 조기 구매를 유도함으로써 타사의 침투를 견제할 수 있다는 장점이 있지만 보너스 팩으로 판매하는 경우 점포의 진열 면적을 많이 차지하므로 유통관계자들의 협조가 없으면 활용하기 어렵다는 단점이 있다.

⑧ 리베이트 & 리펀드

가. 리베이트는 소비자가 해당 제품을 구매했다는 증거를 제조업자에게 보내면 구매가격의 일부분을 소비자에게 돌려주는 것이다.

나. 리펀드는 소비자가 구매하는 시점에서 즉시 현금으로 되돌려주는 것을 말한다.

참고

> **프랜차이즈 본부 및 가맹점별 장단점**
>
> - 본부 측면
>
> (장점)
> · 가맹점을 통하여 프랜차이즈 브랜드를 전국에 알릴 수 있다.
> · 가맹비와 로열티를 통해 지속적인 수익을 창출할 수 있다.
> · 기업 규모로 성장을 위해 외부로부터 자금을 확보할 수 있다.
>
> (단점)
> · 노하우가 유출될 수 있다.
> · 모든 가맹점 관리가 어려워 이미지가 실추될 수 있다.
>
> - 가맹점 측면
>
> (장점)
> · 초기부터 노하우를 가지고 시작하여 지속적인 관리를 받을 수 있다.
> · 브랜드 유명세를 통해 홍보효과를 누릴 수 있다.
> · 사업실패 위험을 줄일 수 있다.
>
> (단점)
> · 독창적인 영업이 불가능하다.
> · 매출 순이익 비율이 낮다.

06. STP 전략 수립하기

1. 세분시장의 마케팅 전략

기본적으로 표적마케팅은 시장세분화(Segmentation) → 표적시장 선정(Targeting) → 포지셔닝(Positioning) 설정의 단계를 거친다. 시장은 매우 넓고 분산되어 있는 만큼 고객의 요구사항도 다양하다. 한 기업의 제품과 서비스로 이 모든 고객을 대상으로 마케팅 전략을 실행하고 만족시킨다는 것은 한계가 있으므로 큰 시장 가운데 기업에 가장 유리한 집단을 찾기 위해 시장을 나누고, 선택하여 마케팅 전략을 실행하는 첫 번째 단계이다.

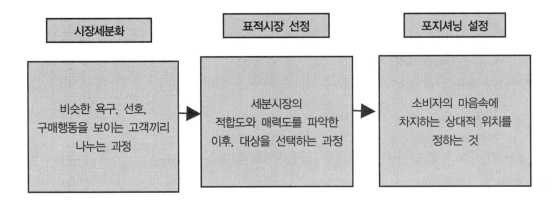

시장세분화	표적시장 선정	포지셔닝 설정
비슷한 욕구, 선호, 구매행동을 보이는 고객끼리 나누는 과정	세분시장의 적합도와 매력도를 파악한 이후, 대상을 선택하는 과정	소비자의 마음속에 차지하는 상대적 위치를 정하는 것

(1) 시장세분화 개념 및 특징

① 기업의 마케팅 활동에 대한 고객들의 반응과 선호 분석에 의한 동질적인 고객 분류로 고객 지향적인 전략이다.

② 마케팅 전략을 수립하면서 일정한 기준에 의해 시장을 선택하고 크기, 고객의 특성 등에 따라 분석해 나가는 활동을 말한다.

③ 고객들은 저마다 다양한 욕구를 가지고 있으나 한 기업에서 모든 소비자의 욕구를 충족시킬 수 없다는 한계가 있기 때문에 세분화하여 마케팅 할 필요가 있다.

④ 시장세분은 너무 작지 않아야 하고, 시장별로 이질적인 마케팅 전략을 구사해야 한다.

⑤ 세분시장은 이윤을 창출할 만큼의 규모가 있어야 하며, 마케팅 전략에 소요된 비용을 보전할 수 있어야 한다.

(2) 시장세분화의 요건

① 내부적 동질성과 외부적 이질성
어떠한 마케팅 변수가 있을 때 세분시장 내에서는 동일한 반응을 보여야 하고, 각 세분시장끼리는 상이한 반응을 보여 서로 이질적이어야 한다는 뜻이다.

② 측정 가능성
세분시장의 규모나 구매력, 특성 등의 기준 변수들은 현실적으로 측정이 가능해야 한다.

③ 실질적 규모
세분시장은 수익성을 낼 만큼 충분히 크고 가치 있어야 하며, 세분시장별로 상이한 마케팅 전략을 실행하는 데 소요되는 비용을 보존할 수 있어야 한다.

④ 접근 가능성

세분시장에 있는 고객들에게 효과적으로 접근할 수 있어야 한다.

⑤ 실행 가능성

세분시장에 효과적으로 마케팅 전략들을 실행할 수 있어야 한다.

(3) 시장세분화의 장점

① 시장을 세분화해 놓으면 마케팅 프로그램과 소요되는 예산을 예측, 수립할 수 있다.

② 마케팅 기회를 파악, 비교하는 데 용이하며, 마케팅 전략을 효과적으로 할 수 있다.

③ 세분시장의 한정된 고객들의 욕구를 보다 신속하고 정확하게 충족시켜 매출 증대에 도움이 된다.

(4) 시장세분화 기준

① 지리적 변수로 인한 세분화

　가. 국가, 구, 군, 도시 등과 같이 여러 지리적 단위를 세분화의 기준으로 사용하는 방법이다.

　나. 지리적 세분화 방법이 간단하고, 시장 규모 측정이나 접근성 또한 쉬운 장점이 있지만 지리적인 변수만으로는 소비자의 구매행동을 설명할 수 없다는 한계가 있다.

② 인구통계적 특성 변수로 인한 세분화

　가. 연령, 성별, 소득, 직업, 교육, 인종 등의 인구통계적 변수를 기준으로 세분화한다.

　니. 인구통계적 변수로 시장을 구분하기가 용이해 가장 많이 활용되고 있다.

　다. 상징성이 강한 제품시장을 세분화할 경우 소득보다는 직업을 이용하는 것이 위험을 줄일 수 있는 방법이다.

③ 심리 분석적 변수로 인한 세분화

　가. 동일한 인구통계학적 집단에 속하더라도 심리 묘사적으로는 다른 특성을 보일 수 있다.

　나. 사회계층, 생활양식, 개성 등이 사용되며 일반 인구통계적 변수보다 더욱 구체적인 정보를 제공해준다.

　다. 다른 변수들에 비해 측정이 쉽지 않은 편이며, 세분시장에서 구체적으로 어떤 욕구를 가지고 있는지 정확하게 파악하는 데 어렵다는 특징이 있다.

④ 행동변수로 인한 세분화

　　가. 편익, 사용량, 상표충성도, 사용상황 등의 변수를 말한다.

　　나. 소비자가 마케팅 변수에 따라 어떻게 반응하고 행동하는지 연구하고 이에 따라
　　　　마케팅 전략을 세울 수 있다.

2. 목표시장의 선정

　여러 기준을 통해서 시장을 세분화하였다면, 그 이후에는 어느 시장을 목표로 마케팅 전략을 세우고, 상품과 서비스를 제공할지를 결정해야 한다. 목표시장을 선정하기 위해서도 여러 전략이 존재한다.

(1) 세분시장 여러 측면의 매력도 평가

　표적시장을 선정하기 위해서는 여러 측면의 매력도가 평가되어야 하는데 세분시장의 구매력, 성장가능성 등을 측정하여 투자할 가치가 있는지 결정한다.

① 세분시장의 규모가 크다고 해서 무조건 좋은 것은 아니며, 각 기업의 규모를 먼저
　　파악하는 것이 중요하다.

② 세분시장의 성장률이 높다는 것은 높은 매출로 연결되지만 그만큼 경쟁이 격화되어
　　이윤율이 악화될 가능성도 있다는 것을 알아야 한다.

③ 세분시장을 평가할 때 현재뿐 아니라 미래의 경쟁자까지 고려해야 한다.

(2) 목표시장 선정

① 비차별적 마케팅

　　가. 시장의 요구가 크게 다르지 않고 공통적이라는 전제 하에 단일 제품과 단일 마
　　　　케팅 전략을 사용하는 경우를 말한다.

　　나. 대량 유통과 대량 광고로 광고비를 낮출 수 있고, 기타 비용이 적기 때문에 제
　　　　품수명주기 상 도입기에 주로 사용하는 것이 좋다.

　　다. 모든 계층의 소비자를 만족시킬 수 없으므로 경쟁사가 쉽게 틈새시장을 찾아
　　　　시장에 진입 가능하다는 문제점이 있다.

② 차별적 마케팅

　　가. 모든 세분시장에 적합한 제품과 마케팅믹스를 제공하는 전략을 말한다.

　　나. 여러 세분시장에 동시에 마케팅 전략이 실행되어 비용이 많이 든다.

다. 자원이 풍부한 기업이 많이 사용한다.

③ 집중적 마케팅

　가. 기업의 자원이 한정적일 때 주로 사용하는 전략으로 단일제품과 단일세분시장으로 펼치는 전략을 말한다.

　나. 하나의 세분시장만을(틈새시장, 니치시장) 공격하기에 강력한 지위가 확보되나 변화에 대한 위험이 있다는 단점이 있다.

　다. 자원이나 자본 또는 능력이 한정되어 있을 때 사용한다.

(3) 기타 마케팅 전략

① 데이터베이스 마케팅

구매고객뿐 아니라, 잠재고객에 대한 정보를 모두 데이터베이스를 구축해 놓고, 타 고객과는 차별화된 상품이나 서비스를 제공할 수 있다.

참고

> ※ 데이터베이스 마케팅의 목적
> - 최적의 구매환경을 제공하여 고객생애가치(LTV)를 증대시킨다.
> - 고객 데이터를 이용하여 1:1 관계 구축이 가능하다.
> - 체계적인 고객관리를 통하여 고객 이탈을 막고 고객 유지를 할 수 있다.
> - LTV에 영향을 미치는 요소 : 고객 반응률, 고객 신뢰도, 고객 기여도, 고객의 성장성

② 관계 마케팅

상품이나 서비스의 품질에 대한 관심이 고객과의 지속적인 유대관계로 이동한 것이다. 고객과 대화하고 관계를 강화하며 매출과 이윤 창출에 활용하는 마케팅 기법이다.

③ 대량 마케팅

고객을 세분화하지 않고, 한 제품을 모든 소비자에게 대량으로 유통하는 마케팅 전략을 뜻한다.

④ 코즈 마케팅

사회 구성원이라면 마땅히 해야 할 책임을 수행하는 것을 마케팅에 적극 활용하는 것이다.

⑤ 다이렉트 마케팅

기존의 생산자가 물건을 만들면 도매상, 소매상을 거쳐 고객에게 오던 전통 유통경로가 아닌, 고객에게 직접 주문을 받고 판매하는 것을 말한다.

⑥ 바이러스 마케팅

인터넷 이용자들에게 마케팅 전략을 활용하는 것으로 컴퓨터를 할 때, 자동적으로 홍보 내용이 나오도록 해서 노출시키는 마케팅 기법이다.

⑦ 인터넷 마케팅

인터넷을 이용하여 마케팅 활동을 펼치는 것으로 기존의 전통적 마케팅과 비교하면 비용이 적게 드는 편이며, 고객의 반응을 빠르게 볼 수 있다는 장점이 있다.

⑧ 체험 마케팅

기업의 이미지 등을 이용하여 체험 서비스를 제공하는 마케팅으로 소비자는 직접 몸과 마음으로 자극을 받게 되고 오래도록 각인된다.

⑨ 바이럴 마케팅

입소문을 이용한 마케팅 전략으로 최근에는 페이스북, 블로그 등의 SNS를 활용한 마케팅 전략을 이용한다.

⑩ 내부 마케팅

고객을 큰 범주로 내부고객과 외부고객으로 분류하면 회사 내부 직원들을 내부 고객이라고 칭하고 내부 고객의 만족을 위해 마케팅을 전개하는 것을 말한다. 내부 직원들이 애사심과 의욕을 갖고 일에 집중할 수 있도록 다양한 지원과 프로그램을 시행하여 내부 직원들의 만족도를 제고시킨다. 만족한 내부 고객은 외부 고객에 만족스러운 서비스를 제공한다는 선순환의 원리를 접목시킨 마케팅 전략이다.

3. 포지셔닝

(1) 포지셔닝의 개념 및 특징

① 제품의 포지션이란 상품의 중요하고 차별된 특징에 관해 소비자가 규정하는 방법이다.

② 목표시장에서 고객의 니즈를 파악하고, 차별화된 특징을 가진 제품을 인식하도록 돕는 과정이다.

③ 차별적인 특징을 이용하여 소비자들의 지각 속에 적절하게 위치하도록 노력하는 것을 말한다.

④ 포지셔닝이 이뤄지지 않으면 소비자는 제품이나 서비스에 대해 명확한 지각을 할 수 없다.

⑤ 포지셔닝이 성공하기 위해서는 내부의 경영진, 조직원, 유통업자의 지지가 지속적으로 이루어져야 한다.

(2) 제품 포지셔닝의 유형

① 속성에 의한 포지셔닝

제품의 속성을 바탕으로 포지셔닝 하는 방법으로 가장 많이 사용되기도 한다.

② 이미지 포지셔닝

제품의 실제적인 특성보다는 추상적인 이미지 등의 편익을 강조하는 방법이다.

③ 사용상황이나 목적에 의한 포지셔닝

제품이 유용하게 사용될 상황을 묘사하며 포지셔닝하는 방법이다.

④ 제품 사용자에 의한 포지셔닝

불특정 제품이 아닌 특정 제품을 주로 사용하는 주 사용자, 사용계층을 이용하여 포지셔닝 한다.

⑤ 경쟁제품에 의한 포지셔닝

이미 소비들에게 인식되어 있는 경쟁제품과 명시적으로 혹은 묵시적으로 비교하면서 소비자에게 포지션하는 방법이다.

참고

※ 포지셔닝 전략수립 시 각 분석에서 얻을 수 있는 정보
- 경쟁제품의 포지션 분석 : 경쟁사 이미지와 장·단점 및 브랜드 이미지 파악, 경쟁사의 상대적인 위치를 파악
- 자사제품에 대한 분석 : 자사제품의 시장 내 위치 분석, 현재 포지션의 장·단점과 문제점 파악, 경쟁우위 선점요소들 확인, 기업환경 내부 분석
- 시장분석 : 시장 내 경쟁구조 파악, 소비자의 욕구 및 요구를 파악, 신제품 기회 포착, 세분시장의 크기와 잠재력

(3) 포지셔닝 전략 수립 단계

① 소비자 분석

소비자의 욕구를 명확하게 파악하는 단계이다. 소비자가 제품에 바라는 사항뿐 아니라, 경쟁제품 혹은 기존의 제품에 대한 불만족 사항과 원인을 파악해야 한다.

② 경쟁자 확인

경쟁자의 브랜드 이미지나 점유율 등을 파악하는 단계로, 이때 경쟁자는 직접적인 경쟁자뿐 아니라 넓은 의미로 대체재까지 확인하는 것이 좋다.

③ 경쟁제품의 포지션 분석

경쟁제품의 속성과 소비자의 지각상태를 파악하는 단계로 포지셔닝 맵을 이용하는 것이 좋다. 포지셔닝 맵이란 경쟁제품들의 상대적인 위치와 소비자들이 원하는 이상적인 제품을 시각적으로 나타낸 지각도라고도 한다. 포지셔닝 맵은 소비자들이 자사 제품을 어떻게 인식하고 있는지, 제품 속성에 관한 소비자들의 이상점 및 경쟁 상황들을 확인할 수 있다.

④ 자사 제품의 포지셔닝 개발 및 실행

고객에게 경쟁 제품과는 차별화된 포지셔닝 인식을 심어주기 위한 연구를 하는 단계이다.

⑤ 포지셔닝 확인 및 재포지셔닝

목표한대로 포지셔닝이 되었는지 확인하고, 포지셔닝이 잘못되었다고 판단되는 경우에는 경쟁환경 및 시장상황을 고려하여 포지셔닝의 위치를 변경한다.

정리 🔒

포지셔닝 전략 수립 단계

소비자 분석 및 경쟁자 확인 → 경쟁 제품의 포지션 분석 → 자사 제품과 포지셔닝 개발 → 포지셔닝 확인 → 재포지셔닝

(4) 재포지셔닝

① 포지션이 잘못되었다고 판단되는 경우 혹은 고객 및 환경의 변화로 인해 포지셔닝의 위치를 변경하는 것을 뜻한다.

② 재포지셔닝에는 제품을 변경하거나 혹은 광고 등의 마케팅 변수를 변경한다.

③ 말보로 담배 회사에서 여성 담배인 포지셔닝을 남성으로 재포지셔닝 후, 점유율 1위를 차지하기도 했다.

참고

기업의 재포지셔닝이 필요한 이유
- 기존 제품의 매출이 감소되었을 때
- 새로운 시장이나 기회를 발견했을 때
- 소비자의 취향이나 욕구가 변했을 때
- 경쟁상황의 변화로 전략 수정이 필요할 때
- 표적시장 내 차별적 우위 유지가 힘들 때
- 기존 포지션이 진부해져 매력이 상실되었을 때

07. 소비자행동의 이해

1. 소비자행동 분석의 의의

소비자는 상품이나 서비스를 구입하고자 할 때, 일정한 단계를 거쳐서 결정을 하기 때문에 기업은 마케팅 전략을 펼치기 전 소비자행동에 대해 정확하게 이해하고 분석할 필요가 있다. 소비자행동을 이해하기 위해서는 의사결정 과정과 소비자 정보 처리 과정을 반드시 알아야 하고, 이들 과정에 영향을 미치는 내부적, 외부적 요인도 함께 알아야 한다.

2. 소비자행동 영향 요인

(1) 사회적 요인

준거집단, 가정, 사회적 역할과 지위 등

(2) 개인적 요인

연령, 생활주기, 직업, 경제적 여건, 라이프스타일 등

(3) 심리적 요인

동기, 지각, 학습, 신념, 태도 등

3. 소비자 구매 의사결정 과정

소비자는 구매를 하기 전, 의사결정을 할 때 "문제 인식, 정보 탐색, 대안 평가 및 결정, 구매, 구매 후 행동"의 단계를 거치며 여러 사항을 고려한다.

(1) 문제 인식

현재의 상태와 바라는 상태가 일치되지 않은 경우를 말하며, 인위적으로 현재의 상태와 바라는 상태에 대해 간격을 만들어 소비자로 하여금 구매를 유도하기도 한다.

(2) 정보 탐색

상품이나 서비스를 구매하기 전 정보를 수집하는 단계로 구입하려는 상품의 종류에 따라 투자하는 시간이나 노력의 정도가 달라진다. 이때 소비자는 기업이 제공하는 정보보다 공적인 정보나 개인적 원천을 통해 얻은 정보를 더욱 신뢰한다.

(3) 대안 평가 및 결정

정보 탐색 과정에서 얻은 정보를 바탕으로 구매를 하기 위해 일정한 방식으로 결정을 하는 단계이며, 대안 평가 방법으로는 크게 보완적 방식과 비보완적 방식이 있다.

> EX) 소비자가 노트북을 구입하려고 하는데, 정보 탐색 후 3가지의 모델 중 한 가지를 선택해야 하고 보완적 방식으로 결정을 한다면 아래와 같다.
>
> | | 가중치 | A | B | C |
> |---|---|---|---|---|
> | 무게 | 9 | 9 | 7 | 5 |
> | 가격 | 8 | 7 | 6 | 8 |
> | 성능 | 10 | 8 | 8 | 10 |
>
> A 제품) 9*9+8*7+10*8=217
> B 제품) 9*7+8*6+10*8=191
> C 제품) 9*5+8*8+10*10=209
> 보완적 방식을 택한다면, 총합계의 점수가 가장 높은 A상품을 구입하게 된다.

① 보완적 방식

나름대로 평가 기준을 마련하고, 우선시 하는 기준별로 가중치를 주며, 총합계를 내서 가장 큰 점수를 가진 상품으로 구입을 결정하는 방식이다. 위의 예시에서 보완적 방식으로 구매를 결정한다면 총합계 점수가 가장 높은 A를 선택하게 된다.

② 비보완적 방식

여러 제품을 비교했을 때, 가장 중요시 여기는 기준에서 가자 높은 점수를 받은 상품을 선택하는 방식을 뜻한다. 위의 예시에서 비보완적 방식으로 구매를 결정한다면 여러 기준 중 가중치가 가장 높은 성능 기준에서 가장 점수가 높은 C를 선택하게 된다.

(4) 구매

여러 기준에 의해 결정된 상품을 어디에서 어떤 방식으로 언제 구입할 것인가에 대해 구체적으로 결정하고 실행에 옮기는 단계를 말한다.

(5) 구매 후 행동

상품을 구입한 이후 만족과 불만족으로 평가하며, 만족한 소비자라면 재구매로 이어질 확률이 높고, 구매 이후에 자신의 의사결정에 관해 잘한 것인지 불안해 하는 경우가 있는데 이를 "구매 후 부조화"라고 한다.

> *** 구매 후 부조화이론**
> 소비자가 제품이나 서비스를 구매한 이후 구매를 후회하며 구매 결정을 취소할 수 없을 때 발생한다. 소비자의 관여도가 높은 제품일수록 구매 전 마음에 드는 대안들이 많이 있었을 때일수록 구매 후 부조화가 일어날 확률이 높다.

4. 소비자 구매 의사결정의 6단계

> 구매계획 → 문제인식 → 정보탐색 → 대안 평가 → 구매결정 → 구매

5. 구매 의사결정 과정에서 발생하는 위험 요소

(1) 경제적 위험(재무적 위험)

서비스 및 상품의 문제로 발생되는 금전적 손해

(2) 사회적 위험

서비스 및 상품의 구입으로 개인의 사회적 지위가 낮아질 위험

(3) 신체적 위험

안전성이 결여된 서비스 및 상품의 구입으로 신체적으로 처해질 위험

(4) 시간 손실

서비스 및 상품을 구매하기 전부터 소비한 시간에 대한 손해

(5) 기능적 위험(성능 위험)

구입한 상품 및 서비스의 기능이 원활하지 않을 때 발생할 수 있는 위험

Chapter 03
핵심 기출문제

1. 시장세분화의 기준 중 인구통계학적 변수 4가지를 쓰시오.

정답 | 나이, 성별, 가족, 직업, 소득, 학력, 종교, 성별 등

2. 마케팅 관리를 위한 기본요소인 마케팅믹스 4P를 쓰시오.

정답 | Product(상품), Promoition(촉진), Price(가격), Place(유통)

3. 무차별적인 마케팅과 집중 마케팅의 의미를 설명하시오.

정답 | − 무차별적 마케팅 : 시장을 하나의 커다란 표적시장으로 삼으며, 하나의 제품이나 서비스를 가지고 전체 시장을 대상으로 마케팅하는 것을 말한다.
− 집중 마케팅 : 하나 혹은 몇 개의 집단으로 시장을 나누고, 그 집단에 집중하여 마케팅하는 것을 말한다.

4. 마케팅 전략 중 촉진 전략의 주요 수단 4가지를 쓰시오.

정답 | 광고, 홍보, 인적판매, 판매촉진

5. 제품가격에 영향을 미치는 요인을 쓰시오.

정답 | 경쟁자 상황, 원가, 법적·제도적 요인, 수요 형태, 마케팅 목표, 기업의 가격 정책 등

6. 유통방식 중 무점포상의 유형 4가지를 쓰시오.

정답 | 홈쇼핑판매, 텔레마케팅, 방문판매, 전자상거래

7. 제품수명주기를 순서대로 쓰시오.

정답 | 도입기 → 성장기 → 성숙기 → 쇠퇴기

8. 소매상이 소비자에게 제공하는 기능 4가지를 쓰시오.

정답 | 쇼핑 공간을 제공하는 기능, 상품의 구색을 갖추는 기능, 필요한 상품의 재고를 유지하는 기능, 쇼핑의 즐거움을 제공하는 기능, 올바른 상품을 제공하는 기능, 상품정보나 유행정보를 제공하는 기능 등

9. 제품수명주기를 도입기, 성장기, 성숙기, 쇠퇴기로 구분할 때, 성숙기의 시장 특성과 그에 따른 전략을 쓰시오.

정답 |
 - 성숙기 시장 특성 : 성장률은 정체되는 시기이지만 매출액은 최고 수준을 유지하는 단계이다. 시장에서 경쟁력이 약한 경쟁자는 도태된다.
 - 성숙기 전략 : 제품 차별화나 재포지셔닝이 필요한 시기이며, 브랜드 이탈을 유도하기 위한 판매 전략을 세워야 한다.

10. 기업이 한 개의 시장 또는 여러 세분시장에 대한 가격세분화 전략을 실행하기 위한 기준을 쓰시오.

정답
① 원가구조 : 기업들이 가장 많이 선호하는 가격결정법으로 제품 원가에 일정률의 이익을 더하고 판매 가격을 결정하는 가장 기본이 되는 가격결정의 방법이다.
② 경쟁자 상황 : 시장점유율을 빠르게 확보해야 할 때 사용할 수 있으며 인지도가 높거나, 차별적인 우위가 있는 경우에는 고가격 전략을 사용하기도 한다.
③ 기업의 목표 : 목표로 하는 투자이익을 정해 놓고 거꾸로 가격을 산정하는 방식이다.
④ 정부의 법적, 제도적인 요인

11. 기업이 이용할 수 있는 유통전략 중 다입지, 다세분 시장 전략의 장단점을 각각 쓰시오.

정답
– 다입지, 다세분 시장 전략의 장점 : 마케팅 자원의 효율적인 배분이 가능, 매출액의 증대, 새로운 시장 개척 가능
– 다입지, 다세분 시장 전략의 단점 : 유지 및 관리 비용의 발생, 시장상황에 따른 신속한 대응 곤란, 특정지역의 밀집 현상이 초래

12. 기업 내부의 종업원들을 대상으로 하는 내부마케팅의 필요성에 대해 설명하시오.

정답
- 내부 고객인 종업원들이 만족하지 못한 경우, 외부 고객에게 만족스러운 서비스를 제공하기 어렵다.
- 내부마케팅은 내부 고객인 종업원들은 동기부여를 제공해주어 더욱 높은 생산성과 효율성을 기대할 수 있다.
- 이직률 감소로 신규 채용 및 교육 등으로 발생되는 비용을 줄일 수 있다.

13. 시장세분화의 주된 목적은 세분시장별로 그에 적합한 마케팅 전략을 수립하여 이를 구체적으로 실행함으로써 기업의 목표를 효율적으로 달성하는 데 있다. 효과적인 시장세분화의 요건을 쓰시오.

정답 내부적 동질성과 외부적 이질성, 실질적 규모, 측정 가능성, 접근 가능성, 실행 가능성

14. 세일즈와 마케팅은 판매라는 관점에서 같은 의미를 두고 있지만 이익을 추구하는 점은 차이가 있다. 세일즈가 제품에 초점을 두어 매출액 증대를 추구한다면 마케팅은 무엇에 초점을 두어 이익을 추구하는지 쓰시오.

정답 마케팅은 고객만족에 초점을 두고 이익을 추구한다. 이를 통해 고객과의 관계를 강화한다.

15. 제품수명시기를 도입기, 성장기, 성숙기, 쇠퇴기로 구분할 때 각 주기의 특징을 기술하시오.

정답
① 도입기 : 시장에 처음 등장했기 때문에 아직 경쟁자가 적은 편이며, 신제품 연구 및 시장 도입으로 인해 투자가 이루어져서 가격은 높은 편이다.
② 성장기 : 매출액이 급격히 증가하는 시기이기도 하지만 경쟁자가 대거 진입하는 시기이기도 하다.
③ 성숙기 : 성장률은 정체되는 시기이지만 매출액은 최고 수준을 유지하는 단계이다.
④ 쇠퇴기 : 매출이 감소하고 경쟁사도 감소하는 단계이다. 기업에서는 가격 인하나 패키지 상품화로 재고 소진과 감소한 매출량을 높이고자 노력한다.

16. 본부와 가맹점 측면에서의 프랜차이징의 장점을 각각 2개씩 쓰시오.

정답
- 본부 측면의 장점 : 가맹점비로 안정적인 수입을 유지할 수 있고, 가맹점들로부터 고객들에게 브랜드를 노출하는 데 도움이 된다.
- 가맹점 측면의 장점 : 본부에서 연구하고 개발한 메뉴 등의 기술들을 얻을 수 있고 광고 및 홍보, 유통 등의 관리를 지원받을 수 있다.

17. 포지셔닝 전략 수립 시 각 분석에서 얻을 수 있는 것을 쓰시오.

정답
- 시장분석 : 소비자의 욕구 및 요구 파악, 시장 내 경쟁구조 파악, 신제품 기회의 포착, 기업 이미지 전략 수립, 세분시장의 크기와 잠재력
- 기업 내부분석 : 조직구조 및 시스템의 시장지향성 여부, 현재 포지션의 장단점 파악, 경쟁우위 선점요소 확인 및 경쟁력 강화 방안 모색
- 경쟁분석 : 자사제품의 시장 내 위치 분석, 경쟁사와의 우위 선점 요소, 경쟁사의 브랜드 이미지 분석

18. 표적시장 선정 전략 3가지에 대해 기술하시오.

정답
- 비차별화 전략 : 시장의 요구가 크게 다르지 않고 공통적이라는 전제 하에 단일 제품과 단일 마케팅 전략을 하며 대량 유통과 대량 광고로 광고비를 낮출 수 있고, 기타 비용이 적기 때문에 제품수명주기 상 도입기에 주로 사용하는 것이 좋다.
- 차별적 전략 : 모든 세분시장에 적합한 제품과 마케팅믹스를 제공하는 전략을 말하며, 여러 세분시장에 동시에 마케팅 전략이 실행되어 비용이 많이 든다.
- 집중적 전략 : 표적시장 중 한 곳만을 선택하여 활동하며, 기업의 자원이 한정적일 때 주로 사용하는 전략으로 단일제품, 단일 세분시장에 펼치는 전략을 말한다.

19. 기업이 표적시장 선정을 위해 세분시장을 평가할 때 고려해야 할 3가지를 기술하시오.

정답 | 시장의 규모, 시장의 성장 가능성, 세분시장 구매력

20. 고가격 정책이 유리한 경우 2가지를 쓰시오.

정답 | 진입장벽이 높아 경쟁기업의 진입이 어려워 수요의 가격탄력성이 작고, 소량 다품종 생산인 경우 고가격 정책을 사용한다. 또한 인지도가 높거나 차별적인 우위가 있는 경우에 적합하다.

21. 내부 마케팅과 상호작용 마케팅의 특징을 쓰시오.

정답 | - 내부마케팅은 종업원들을 대상으로 펼치는 활동으로, 서비스 및 교육 등이 포함되며, 동기를 부여하며 직무 만족도도 향상된다.
- 상호작용 마케팅은 종업원들과 고객 간에 이루어지는 활동으로 고객과의 접점 시점에서의 고객만족을 위한 전략을 활용한다.

22. 시장개척자 전략을 선택한 기업이 후발 진입 기업에 비해 가지는 이점 4가지를 쓰시오.

정답 | ① 시장에서 주도권을 확보할 수 있다.
② 경쟁자가 없어 초기 투자비용을 줄이고 전략을 세울 수 있다.
③ 유통 선점이 가능하다.
④ 희소 자원을 선점한다.

23. 성장기의 특성 2가지와 마케팅 전략 2가지를 기술하시오.

정답 | ① 성장기의 특징 : 제품이 시장에 수용되어 정착되는 단계이며, 실질적인 이익이 창출되는 단계이다. 도입기에서 성장기에 들어서면 제품의 판매량은 빠르게 증가한다.
② 마케팅 전략 : 시장점유율 확대를 목표로 마케팅 전략을 세우고, 제품라인 확대를 고려하는 것도 좋다. 또한 유통망 확충을 견고히 하는 것이 좋다.

24. 포지셔닝 전략의 대표적인 유형 3가지를 쓰시오.

정답

① 속성에 의한 포지셔닝 : 제품의 속성을 바탕으로 포지셔닝 하는 방법으로 가장 많이 사용되기도 한다.
② 이미지 포지셔닝 : 제품의 실제적인 특성보다는 추상적인 이미지 등의 편익을 강조하는 방법이다.
③ 사용상황이나 목적에 의한 포지셔닝 : 제품이 유용하게 사용될 상황을 묘사하며 포지셔닝 하는 방법이다.
④ 제품 사용자에 의한 포지셔닝 : 제품이 아닌 제품을 주로 사용하는 주 사용자. 사용계층을 이용하여 포지셔닝 한다.
⑤ 경쟁제품에 의한 포지셔닝 : 이미 소비들에게 인식되어 있는 경쟁제품과 명시적으로 혹은 묵시적으로 비교하면서 소비자에게 포지션 하는 방법이다.

25. ( ) 안에 알맞은 내용을 기재하시오.

소비재특성	편의품	선매품	전문품
구매 전 지식	많다	(ㄱ)	(ㄴ)
관여도	(ㄷ)	보통(낮음)	많다
대체 가능성	(ㄹ)	(ㅁ)	적다
구매정보탐색정도	(ㅂ)	많다	(ㅅ)

정답

ㄱ : 적다. ㄴ : 많다. ㄷ : 적다.
ㄹ : 많다. ㅁ : 보통. ㅂ : 적다. ㅅ : 적다.

26. 가격결정에 미치는 요인을 적으시오.

정답 | 경쟁자의 상황, 정부의 법적·제도적 요인, 마케팅 목표, 기업의 가격정책, 원가구조 등

27. 시장세분화 기준 중 지리적 변수 3가지를 적으시오.

정답 | 나라, 지방, 인구밀도, 도시 규모, 지역 등

28. 다음 소비재 유형별 소비자 구매행동의 특성을 2가지씩 쓰시오.

> ① 편의품 ② 선매품 ③ 전문품

정답 |
① 편의품 : 적은 양을 자주 구입하는 제품들이 포함되며, 구매 빈도가 높고 가격이 낮은 경우가 대부분으로 습관 적으로 구매하기 쉽다.
② 선매품 : 가격이나 상표들을 비교한 이후에 구매하는 제품으로 대부분 가격이 조금 높은 편이고, 기업에서는 차별성과 우수성을 내세운 광고를 이용하며 자동차나, 패션의류, 가구 등이 포함된다.
③ 전문품 : 가장 관여도가 높고, 빈도는 가장 낮다. 지식이나 독특한 성향에 의해 구매하게 되며, 구매할 때 시간 이나 노력이 가장 많이 소요되는 편이다.

29. 다른 마케팅믹스와 비교하여 가격이 갖는 특징 3가지를 쓰시오.

정답
① 4가지의 마케팅믹스 중 가장 강력한 경쟁 도구이다.
② 수요와 공급 상황에 따라서 탄력성이 가장 크다.
③ 계획과 다르게 갑작스럽게 결정될 수 있다.
④ 가격은 고객의 입장에서 구입하는 서비스 또는 상품뿐 아니라 해당 구매로 인해 얻게 되는 가치가 된다.

30. 제품수명시기를 도입기, 성장기, 성숙기, 쇠퇴기로 구분할 때 성장기의 시장특성과 그에 따른 전략을 각각 3가지 쓰시오.

정답
① 특성 : 매출액이 급격히 증가하는 시기이기도 하지만 경쟁자가 대거 진입하는 시기이기도 하다.
② 전략 : 시장점유율 확대를 목표로 마케팅 전략을 세우는 것이 좋으며, 제품라인 확대를 고려하는 것도 좋다.
　　　　유통망 확충을 견고히 하는 전략을 펼친다.

31. 소비자가 자동차를 구입하기 위해 작성한 다속성 메트릭스이다. 보완적 평가모형에 의해
    자동차를 평가할 때 계산과정과 차종을 쓰시오.

차종	가격(40%)	연비(30%)	사후관리(20%)	옵션(10%)
A	6	7	9	8
B	9	6	8	9
C	6	8	7	7
D	7	6	10	7

정답 　A : (40＊6)+(30＊7)+(20＊9)+(10＊8)=710
　　　　B : (40＊9)+(30＊6)+(20＊8)+(10＊9)=790
　　　　C : (40＊6)+(30＊8)+(20＊7)+(10＊7)=690
　　　　D : (40＊7)+(30＊6)+(20＊10)+(10＊7)=730
　　　　보완적 평가모형으로 자동차를 평가한다면, 총합계가 가장 높은 B를 선택할 것이다.

32. 세분시장의 매력도 평가에서 마이클 포터가 제시한 시장의 수익성을 결정짓는 요인을 3가
    지만 쓰시오.

정답 　대체품의 대체력, 시장 내의 경쟁력, 새로운 기업의 잠재적 진출력, 구매자의 협상력, 공급자의 협상력

33. 제품유통경로 중 다이렉트 마케팅의 4가지 유형을 쓰시오.

정답 텔레마케팅, 카탈로그 판매, TV, 인터넷 쇼핑몰

34. 기업이 이용할 수 있는 마케팅 커뮤니케이션 도구를 3가지만 쓰시오.

정답 잡지, 판매원, 신문, 라디오, 전화, 우편, TV 등

35. 묶음가격이란 둘 혹은 그 이상의 제품이나 서비스를 특별한 가격으로 패키지의 형태로 제공하는 마케팅 전략이다. 묶음가격의 긍정적인 효과를 기업과 소비자 측면에서 각각 설명하시오.

정답 ① 기업 측면 : 패키지의 형태로 제공하기 때문에 많은 양을 판매할 수 있으며, 재고 소진에 유리하다.
② 고객 측면 : 개별로 구입했을 때보다 더욱 저렴한 가격에 구입할 수 있다.

36. 머천다이징(Merchadising)에 대해 설명하시오.

정답 | 상품화계획이라고도 한다. 시장의 수요 내용에 알맞은 상품 또는 서비스를 알맞은 시기와 장소에서 적정 가격으로 유통시키기 위한 일련의 마케팅 활동 중 하나이다.

37. 경쟁자의 진입으로 시장 내 차별적 우위의 유지가 힘들게 되었을 때 소비자의 취향, 욕구가 변화된 경우 수요의 변화 등에 필요한 것은 무엇인가?

정답 | 재포지셔닝

38. 가격결정에 영향을 주는 내부요인과 외부요인을 각각 2가지씩 쓰시오.

정답 | ① 내부요인 : 마케팅 목표, 기업의 가격정책. 마케팅믹스 전략
② 외부요인 : 법적·제도적 요인, 시장의 수요 상황, 경쟁자 상황

39. 비차별화 마케팅, 차별화 마케팅, 집중화 마케팅 전략에 대한 의미를 각각 서술하시오.

정답 | ① 비차별화 마케팅 전략: 시장의 요구가 크게 다르지 않고, 공통적이라는 전제 하에 단일 제품과 단일 마케팅 전략을 하며 대량 유통과 대량 광고로 광고비를 낮출 수 있고, 기타 비용이 적기 때문에 제품수명주기 상 도입기에 주로 사용하는 것이 좋다.
② 차별화 마케팅 전략 : 모든 세분시장에 적합한 제품과 마케팅믹스를 제공하는 전략을 말하며, 여러 세분 시장에 동시에 마케팅 전략이 실행되어 비용이 많이 든다.
③ 집중화 마케팅 전략 : 표적시장 중 한 곳만을 선택하여 활동하며, 기업의 자원이 한정적일 때 주로 사용하는 전략으로 단일제품으로 단일세분시장으로 펼치는 전략을 말한다.

40. 기업이 시장에서 재포지셔닝이 필요한 경우 5가지를 쓰시오.

정답 | ① 이상적인 위치를 달성하고자 했으나 실패한 경우
② 시장에서 바람직하지 않은 위치를 가지고 있는 경우
③ 새로운 시장 및 기회를 발견하게 되었을 경우
④ 포지션이 잘못되었다고 판단되는 경우
⑤ 소비자의 취향이나 욕구가 변했을 때
⑥ 기존 포지션이 진부해져서 매력이 상실됐을 경우

41. 다음은 마케팅 개념 단계이다. 빈칸에 적절한 내용을 쓰시오.

> 생산 개념→(   )→판매 개념→(   )→사회적 개념

정답 | 제품 개념, 소비 개념

42. 포지셔닝 전략 수립 시 각 분석에서 얻을 수 있는 것을 쓰시오.

정답
① 시장 분석 : 소비자의 욕구 및 요구 파악, 시장 내 경쟁구조 파악, 신제품 기회이 포착, 기업 이미지 전략 수립, 세분시장의 크기와 잠재력 파악이 가능하다.
② 기업 내부 분석 : 조직구조 및 시스템의 시장지향성 여부, 현재 포지션의 장단점 파악, 경쟁우위 선점요소 확인 및 경쟁력 강화 방안을 모색할 수 있다.
③ 경쟁 분석 : 자사제품의 시장 내 위치 분석, 경쟁사와의 우위 선점 요소, 경쟁사의 브랜드 이미지 분석이 가능하다.

43. 제품수명시기를 도입기, 성장기, 성숙기, 쇠퇴기로 구분할 때 성숙기의 시장 특성과 그에
  따른 전략을 3가지씩 쓰시오.

정답
 - 성숙기 특성 : 성장률은 정체되는 시기이지만 매출액은 최고 수준을 유지하는 단계이다. 시장에서는 경쟁력이
   약한 경쟁자는 도태된다.
 - 성숙기 전략 : 제품 차별화나 재포지셔닝이 필요한 시기이며, 브랜드 이탈을 유도하기 위한 판매 전략을 세워야
   한다. 경쟁사 대응의 방어적 가격을 책정한다.

44. 구매시점 광고란 무엇이지 쓰시오.

정답
 소비자가 광고상품을 직접적으로 구입하는 곳에서 이루어지는 광고, 소매점 가게 안팎 주위의 모든 광고물들을
 말하며 옥외 간판이나, POP, 홍보지 등이 포함된다.

45. 소비재의 특성은 탐색적, 경험적, 신념적 특성으로 구분된다. 탐색적 특성의 품질을 결정하
  는 예를 3가지 쓰시오.

정답
 색상, 디자인, 스타일

46. 시장세분화 시 고객특성 변수와 고객행동(반응) 변수를 각각 3가지씩 쓰시오.

정답 | ① 고객특성 변수 : 나이, 직업, 성별
② 고객행동(반응) 변수 : 기존 사용 경험, 상표 애호도, 추구 편익

47. 신제품이 시장에 도입되어 쇠퇴할 때까지의 기간인 제품의 수명주기 단계 특성을 기술하고, 단계별 마케팅 전략을 2가지 쓰시오.

정답 | ① 도입기
특성 - 시장에 처음 등장했기 때문에 아직 경쟁자가 적은 편이며, 신제품 연구 및 시장 도입으로 인해 투자가 이루어져서 가격은 높은 편이다.
전략 - 조기 수용자를 공략하는 것이 좋다. 판촉으로 제품 노출에 노력한다. 시음이나 사용 유도 등으로 경험을 제공한다.
② 성장기
특성 - 매출액이 급격히 증가하는 시기이기도 하지만 경쟁자가 대거 진입하는 시기이기도 하다.

전략 – 시장점유율 확대를 목표로 마케팅 전략을 세우는 것이 좋으며, 제품라인 확대를 고려하는 것도 좋다. 유통망 확충을 견고히 하는 전략을 펼친다.

③ 성숙기

특성 – 성장률은 정체되는 시기이지만 매출액은 최고 수준을 유지하는 단계이다. 경쟁력이 약한 경쟁자는 도태된다.

전략 – 제품 차별화나 재포지셔닝이 적절한 시기이며, 브랜드 이탈을 유도하기 위한 판매 전략을 세워야 한다. 경쟁사 대응의 방어적 가격을 책정한다.

④ 쇠퇴기

특성 – 매출이 감소하고 경쟁사도 감소하는 단계로 마이너스 성장을 보인다.

전략 – 판매 프로모션 전략은 축소하고, 시장성이 약한 모델은 퇴출시키는 것이 좋다. 또한 철수를 준비하고 가격을 인하시키는 것이 좋다.

48. PUSH 전략이 무엇인지 설명하시오.

정답 | 주로 인적판매를 이용해서 직접 거래하고 있는 다음 유통 경로 대상자들에게 판매 촉진하는 활동을 말한다.

49. 기업은 표적시장에서 원하는 반응을 얻을 수 있도록 4P를 사용한다. 최근 인터넷의 발달과 함께 기업들이 5C를 활용하는 마케팅 활동에 주목하기 시작했다. 5C의 구성 요소를 쓰시오. (원어로 쓰시오.)

5C : Customer, Commerce, (①), (②), (③)

정답 | Communication, Community, Contents

50. 가격 세분화 기준 4가지를 쓰시오.

정답 | 경쟁자 상황, 원가, 법적·제도적인 요인, 수요 형태, 마케팅 목표, 기업의 가격 정책 등

51. 신제품의 확산 요인 5개를 쓰시오.

정답 | 제품 요인, 공급 요인, 경쟁 요인, 소비자 요인, 정보 요인

52. 도매상, 소매상이 자사의 제품만 취급할 때 이것이 의미하는 유통전략을 무엇이라 하는가?

정답 | 전속적 유통

53. 이익이 감소하기 시작하여 많은 고객이 이미 그 제품을 구매하였거나 경쟁사로 돌아가는 제품수명주기 단계는?

정답 | 성숙기

54. 산업재 시장은 (많은/적은) 수의 (큰/작은) 규모의 고객이 있고 밀집되어 있으며, 대부분(탄력적/비탄력적)이며 변동이 심하지 않다. (많은/적은) 산업재 구매를 하며 전문적으로 교육을 받는다.

정답 | 적은, 큰, 비탄력적, 많은

55. 기업이 이용할 수 있는 유통전략 중 다입지, 다세분시장 전략의 장점과 단점을 각각 한 가지씩 쓰시오.

정답 | ① 마케팅 기회를 탐지하기 용이하고, 신시장 개척이 도움이 된다. 성장 속도가 빨라 매출액이 증대된다.
② 시장 상황별 신속한 반응이 어려우며, 초기 투자 비용이 많이 소요된다.

56. 기업마케팅 환경은 크게 두 가지로 나눌 수 있는데, ①은 고객, 공급업자, 기업 내부, 경쟁사, 중간상을 포함하며, ②는 정보, 기술, 경재, 인구, 사회 문화를 포함한다.

①
②

정답 | ① 기업 내부환경, ② 기업 외부환경

57. 하나의 품목에 대한 판단, 구매행동 등에 대해 비슷한 성향 및 다른 성향을 가진 집단을 분리하여 하나로 묶는 것을 무엇이라고 하는가?

정답 │ 시장세분화

58. 소비재는 소비, 사용 기간을 중심으로 ①과 ②로 분류한다. ①은 소비, 사용 기간이 짧으며 많은 편의품이 이에 해당한다. ②는 소비, 사용 기간이 길며 많은 선매품이 이에 해당한다.

①:

②:

정답 │ ① 비내구소비재 ② 내구소비재

59. 상품광고 시 사용되는 광고매체 중 폭넓은 청중에게 전달 가능하고 비교적 적은 비용이 들며 광고 변경이 용이하고 전달력이 빠른 반면, 메시지 수명이 짧고 오로지 청각적 메시지만 전달 가능한 것은 무엇인가?

정답 │ 라디오 광고

60. 기업의 강점, 약점 및 외부의 기회, 위협에 대해 분석하는 기법을 쓰시오.

정답 | SWOT 기법

61. 고객에 대해 감정을 이해, 고객충성도 증진, 반복구매 고객 및 고정고객 증가를 통해 매출을 증대 시키도록 (A) 마케팅을 해야 한다. (A) 마케팅은 컴퓨터를 기초로 하는 작업이며 가장 기본적인 것이다. A에 공통으로 들어갈 말을 쓰시오.

정답 | 데이터베이스

62. 시장세분화의 이점을 3가지 쓰시오.

정답 | ① 시장을 세분화해 놓으면 마케팅 프로그램과 소요되는 예산을 예측, 수립할 수 있다.
② 마케팅 기회를 파악, 비교하는 데 용이하며, 마케팅 전략을 효과적으로 할 수 있다.
③ 세분시장의 한정된 고객들의 욕구를 보다 신속하고 정확하게 충족시켜 매출 증대에 도움이 된다.

63. 확장제품의 개념을 쓰고, 자동차에서 확장제품의 사례 3가지를 쓰시오.

정답 ① 확장제품의 개념 : 제품의 물리적인 특성과 가치를 높여주는 부가적인 요소이다.
② 사례 : 판매 사원의 친절도, 자동차 품질 보증 서비스, 시승 서비스, 캐피탈 서비스 등

64. 비슷한 성향의 소비자를 하나로 묶어 그룹핑하는 것을 무엇이라고 하는가?

정답 시장세분화

65. 구매의사 결정과정에서의 위험 5가지를 쓰시오.

정답 ① 경제적 위험(재무적 위험) : 서비스 및 상품의 문제로 발생되는 금전적 손해
② 사회적 위험 : 서비스 및 상품의 구입으로 개인의 사회적 지위가 낮아질 위험
③ 신체적 위험 : 안전성이 결여된 서비스 및 상품의 구입으로 신체적으로 처해질 위험
④ 시간 손실 : 서비스 및 상품을 구매하기 전부터 소비한 시간에 대한 손해
⑤ 기능적 위험(성능 위험) : 구입한 상품 및 서비스의 기능이 원활하지 않을 때 발생할 수 있는 위험

Chapter 04 시장조사

01. 시장조사의 의의

1. 시장조사의 개념 및 특징

(1) 시장조사란 기업이 당면한 문제를 해결하기 위해 의사결정에 필요한 정보를 얻는 것을 말하며, 그 정보는 객관성과 정확성이 뒷받침되어야 한다.

(2) 시장조사의 역할

① 마케팅 활동 수행과정에서의 불확실성과 위험의 감소
② 경영의 의사결정에 도움을 주는 정보의 제공
③ 고객의 정보에 대한 획득
④ 의사결정에 필요한 정보의 파악
⑤ 시장 기회의 발견

2. 사전조사와 예비조사

조사가 이루어지는 순서는 예비조사 → 사전조사 → 본조사 순이다.

(1) 예비조사

설문지 작성 이전에 연구 가설을 명백히 하면서 시장조사의 타당성을 검토하는 단계로 사전조사 및 본조사의 조사비용에 대한 정보를 얻을 수 있고, 문제의 핵심 요소를 명확히 하고자 할 때도 필요하다.

(2) 사전조사

설문지 초안을 작성한 후, 본조사 실시 이전에 진행하며 설문지의 개선사항이나 오류를 찾기 위해 실시한다. 본조사의 축소판이라고 할 수 있으며 실제 본조사와 동일한 방법과 절차로 조사를 실시한 후 문제점이나 부족한 점, 오류발생 가능성이 있는 부분에 대해 수정, 보완하는 작업으로 이뤄진다.

3. 시장조사의 절차

문제의 정의 → 조사 설계 → 자료 수집 → 자료 분석 및 해석 → 보고서 작성

(1) 탐색조사

문제를 발견하고 정의하는 것을 목적으로 하는 조사로 조금 더 정교한 조사를 위한 전 단계에서 사용하며, 조사자가 문제에 대해 익숙해지기 위해 필요하다. 또한 개념을 정확하게 하기 위해 사용된다. (종류 : 문헌조사, 전문가 의견조사, 사례조사, 표적집단면접법 등)

참고

※ 시장에서 탐색조사를 실시하는 목적
- 전문가로부터 전문적인 의견을 구하기 위해
- 통찰력 획득과 시장에 대한 이해를 위해
- 문제의 정확한 규명을 위해

(2) 기술조사

소비자 행동을 조사하는 것으로 상표에 대한 소비자의 태도, 구매자들의 인구통계적 특성, 구매행동 등과 같은 것을 기술하는 조사이다. (종류 : 종단분석, 횡단분석)

(3) 인과조사

가격과 수요 간의 상관관계와 같이 여러 변수들간의 인과관계를 밝히는 것이 목적인 실험 연구를 말한다. (종류 : 실험법)

4. 조사의 실시

어떤 대상으로부터 자료를 얻을 것인가를 결정하는 단계로 이 과정을 표본설계라고 한다. 조사 대상 수에 따라서 전수조사, 표본조사 등으로 나뉜다.

(1) 전수조사(Complete Survery)

정밀도에 중점을 두고 대상자 모두를 조사하는 방식으로 얻고자 하는 정보를 가진 모든 대상을 조사하며, 인구조사 센서스가 대표적이다. 정확하다는 장점이 있지만 시간과 비용이 너무 많이 소요되기 때문에 마케팅에서는 전수조사를 선택하는 경우는 거의 없다.

(2) 표본조사(Sample Survey)

대상자 중의 일부만을 선택하여 조사하는 방식으로 부분조사라고도 하고, 전수조사에 비해 시간과 비용을 절감할 수 있어 마케팅에서 주로 사용한다. 표본을 추출하는 방법으로 비확률표본추출과 확률표본추출이 있다.

① 비확률표본추출
통계학적 방법이 아니라 주관적 판단에 의해 표본을 결정하는 방식으로 표본추출 오류를 평가할 수 없어 예비조사에 적합하고, 확률표본추출보다 경제적이고 시행하기가 수월하여 마케팅 현장에서 많이 활용된다. (종류 : 임의표본추출, 주관에 의한 표본추출, 할당표본추출)

② 확률표본추출
조사자의 임의성이 배제되고, 통계적인 방법으로 표본을 추출하는 것으로 전수조사에 비해서 적은 비용이나 시간, 노력으로 전수조사 결과의 결과나 가치와 근사한 결과를 얻을 수 있는 방식이지만 비확률표본추출보다는 시간과 비용이 소요된다. 표본오차 측정이 가능하고, 분석결과를 일반화시킬 수 있다. (종류 : 단순무작위 표본추출, 층별 표본추출, 군집별 표본추출, 체계적 표본추출, 지역별 표본추출)

(3) 조사과정에서 발생하는 오류

① 표본오류 : 모집단의 대표성이 없는 표본을 추출해서 발생하는 오류이며, 실제 모집단과 통계값 사이에 발생되는 차이를 말한다.
② 비표본오류 : 표본오류 이외의 것으로 실제 조사나 자료 집계, 분석, 처리 과정에서 발생하는 오차를 뜻한다. 예를 들어, 응답자의 응답거부나 무응답, 조사원의 오류나

분실, 자료를 기록하는 과정에서 오류가 발생하기도 한다.

③ 무응답오류 : 응답자의 설문 거부나 비접촉으로 인한 오류

5. 자료의 분석과 내용

자료 수집 이후 자료 분석을 수월하게 하기 위해 관찰된 내용을 정리하여 의사결정에 도움이 되도록 하는 단계를 뜻한다.

(1) 코딩

항목별로 각 응답에 해당하는 숫자나 기호를 부여하는 과정을 뜻하며, 전산처리에 의한 분석을 편리하도록 하는 것이다. 코딩이 끝나면 컴퓨터에 파일로 입력을 하고 외부저장 매체(CD 등)에 저장한다.

(2) 자료 분석

마케팅 관리자의 의사결정에 도움이 되는 문장, 도표로 정리하는 것이 좋으며 자료 분석 순서는 편집(Editing) → 코딩(Coding) → 입력(Key-in)이다.

(3) 리스트 클리닝

외부 기관이나 자료 등에서 임의로 수집된 고객 리스트 혹은 시간이 오래 경과되었거나 반송된 리스트의 주소, 성명, 전화번호 등을 변경된 자료로 교환하는 작업을 말한다.

6. 시장조사의 윤리

(1) 조사자가 지켜야 할 사항

① 조사 대상자의 존엄성과 사적인 권리를 존중해야 한다.

② 조사 결과는 성실하고 정확하게 보고하여야 한다.

③ 자료의 신뢰성과 객관성을 확보하기 위해 자료원은 반드시 보호해야 한다.

④ 조사의 목적을 성실히 수행하여야 하며 조사결과의 왜곡, 축소 등은 피하여야 한다.

(2) 응답자 권리의 보호

① 응답자는 자신의 정보가 노출되지 않고 안전하게 보호 받을 권리가 있다.

② 응답자는 사생활을 침해 받지 않을 권리가 있기 때문에 면접자 등의 조사자는 응답자에게 질문을 객관화하도록 한다.

③ 응답자는 응답을 강요받지 않을 권리가 있으며 설문에 꼭 참여하지 않아도 된다.

④ 응답자 자신은 자신에 대한 정보를 스스로 통제할 권리가 있고, 익명성을 요구할 수 있다.

02. 자료의 구성

1. 2차 자료의 개념 및 종류

시장조사의 유형이 정해지고 계획이 수립된 이후 자료를 수집해야 하는데, 자료의 성격에 따라 1차 자료와 2차 자료로 구분되며, 조사수집 목적으로 1, 2차 자료를 분류하는 기준이 된다.

참고

자료수집방법의 선택기준 5가지
- 필요한 자료수집의 다양성
- 자료수집 과정에서의 신속성 및 비용
- 모집단의 크기
- 수집된 자료의 객관성 및 정확성
- 조사의 탄력성

(1) 2차 자료의 개념과 특성

① 기업의 시장조사의 목적이 아닌 다른 조사를 목적으로 이미 수집된 자료를 뜻한다.

② 이미 만들어진 자료이기 때문에 자료 입수에 시간과 비용이 적게 들어 유용하다는 특징이 있다.

③ 목적에 정확히 부합하는 자료, 필요한 자료를 찾기 힘들거나 없을 가능성도 있다.

④ 신뢰성이 있고, 충분한 양의 자료가 있어야 하며, 목적에 적합한 자료를 찾기 어려울 때에는 1차 자료 수집 계획을 세워야 한다.

⑤ 저관여 수집 방법으로 조사 대상자와 직접적인 상호작용이 없어 반응을 고려하지 않아도 된다.

(2) 2차 자료의 종류

① 내부자료

조사자가 속한 기업이 자체적으로 가지고 있는 자료를 말하는데 매출원가, 회계자료, 고객 등에 대한 자료를 말한다. 기업의 강점과 약점을 파악하고 이 분야의 경향을 분석하는 데 도움을 준다는 장점이 있다.

② 외부자료

정부통계자료, 학계자료(연구소나 대학기관, 학회의 논문 등), 신문, 잡지, 신디게이트 자료

(3) 2차 자료의 장점과 단점

① 기존에 만들어진 자료를 이용하는 것으로 자료 수집에 투입되는 시간과 노력이 적다.
② 분석 결과가 이미 공개되어 있어 다수에게 인정되고 수용된 상태로 거부감이 없다.
③ 대외비 등 직접 수집하기 어려운 자료를 입수할 가능성이 있다.
④ 기존 자료로 문제에 대한 접근방법이 확실해질 수 있다.
⑤ 조사 설계 및 주요 변수에 대한 이해도가 높아진다.
⑥ 원하는 데이터를 신속하게 얻을 수 있다는 장점이 있다.
⑦ 기존의 자료들을 통해 문제점을 새롭게 발견하고 조사 목적 설정에 도움이 되기도 한다.
⑧ 시간의 공백으로 기존의 데이터가 현 조사 시점 사이에 차이가 존재하여 신뢰도가 떨어질 수 있다.
⑨ 자료의 신뢰도나 정확성 여부를 알기 어려울 경우에는 사용이 불가능하다.
⑩ 다른 복적으로 수집된 자료로 기업이 원하는 자료의 형태가 아닐 수 있다.

2. 1차 자료의 개념 및 종류

(1) 1차 자료의 개념 및 특징

① 다른 목적을 가지고 이미 수집된 기존의 자료가 아닌, 현재 당면한 문제를 해결하기 위한 목적으로 수집해야 하는 자료를 1차 자료라고 한다.
② 목적에 적합한 자료를 직접 수집하기 때문에 신뢰도, 타당성이 높고 직접적으로 자료를 재분석 및 생성하는 것이 가능하다.
③ 관찰법, 서베이, 질문조사, 전화조사, 면접조사, 우편조사 등으로 진행한다.

(2) 1차 자료의 장단점

　① 직접 자료를 수집해야 하기 때문에 2차 자료에 비해 시간과 비용이 많이 소비된다.

　② 조사방법에 대한 전문 지식이나 기술이 요구된다.

3. 정량적 조사와 정성적 조사

(1) 정량적 조사의 특성

　① 수집된 자료를 수치화 하고, 통계적 방법으로 분석한 뒤 결과를 도출하는 방법으로 대부분 다수를 대상으로 진행하므로 일반화 가능성이 높다.

　② 대표적인 정량조사의 수집방법은 서베이법이 있다.

(2) 정성적(질적) 조사의 특성

　① 문제 상황에 대한 이해를 위해 적절한 방법을 선택해 나가는 유연성을 가지고 진행되며 비구조적이고 비통계적이다.

　② 조사 대상의 깊은 관여를 통해 다양하고 폭넓은 자료를 수집, 통합하는 과정을 거친다.

　③ 결과보다는 과정에 집중하며, 대부분 소수를 대상으로 진행되므로 일반화시키는 것에는 한계가 있다.

　④ 직관적이고 탐험적인 성격을 띠며 객관적, 수치화된 자료라고 볼 수 없다.

　⑤ 보다 깊이 있거나 민감한 주제를 다룰 경우 혹은 잘 알려지지 않은 주제를 연구할 경우에 유용하다.

　⑥ 표적집단면접법(FGI), 심층면접법, 투사법 등으로 진행한다.

4. 설문조사법(Survey research)

(1) 설문조사법의 특성 및 방법

　① 조사 대상자들에게 설문지의 질문을 통해 자료를 수집하는 방법이다.

　② 1차 자료 수집에서 가장 많이 사용되는 방법이다.

　③ 질문의 내용이 사전에 준비되어 있고, 미리 준비된 순서에 따라 조사가 진행되므로 구조화된 자료수집 방법이라고 할 수 있다.

④ 전화, 우편(편지), 개인 인터뷰(면접)의 방식으로 진행하며, 최근 인터넷의 발달로 이메일 등의 형태로 조사를 실시하기도 한다.

(2) 설문조사법의 장점 및 단점

① 대량조사가 가능하며 시간과 경비를 절약할 수 있다.
② 응답자의 태도나 행동의 동기, 인구통계학적 특징 등의 광범위한 정보를 수집할 수 있다.
③ 분석의 기준이 명확한 편이며 계량화, 통계화에 유리한 편이다.
④ 대규모 표본이므로 조사 결과를 토대로 일반화가 가능하다.
⑤ 부정확하고 성의 없는 답변이 있을 수 있다.
⑥ 사생활 침해 우려가 있고, 응답을 거부할 수 있다.
⑦ 복잡하거나 깊이가 있는 주제에 대한 질문이 어렵다.
⑧ 설문지 개발이 쉽지 않은 편이다.
⑨ 조사자나 설문지 등의 오류 발생 가능성이 있다.

참고 🔓

※ 설문지 작성 및 질문의 순서 결정 시 고려사항
- 질문들을 자연스럽고 논리적으로 배치
- 개방형 질문에서 폐쇄형 질문 순으로 배치
- 내용이 같거나 동일한 척도의 질문은 모아서 배치
- 응답자가 심사숙고 해야 하는 질문은 뒤로 배치
- 응답자의 흥미를 끌거나 쉽게 대답이 가능한 질문은 앞에 배치
- 민감한 질문은 뒤에 배치
- 전반적인 질문에서 구체적인 질문 순으로 배치

---

5. 실험법

(1) 실험법 특성

① 마케팅 변수들 사이의 인과관계를 찾아내는 방법으로, 원인이라고 생각되는 요인들을 바꿔가면서 다른 변수에 영향을 미치는 정도를 확인하는 것이다.

② 정확한 실험을 위해서 조사자는 실험 상황을 완벽하게 통제해야 하며, 치밀한 조사 설계가 필요하다.

(2) 실험법의 장점 및 단점

① 설문조사법으로 구하기 어려운 정확한 자료를 얻을 수 있다.

② 탐색조사나 기술조사는 불가능한 통제를 할 수 있기 때문에 인과관계를 밝힐 수 있다.

③ 대부분 인위적인 환경에서 실험이 진행되기 때문에 일반화시키기 어렵다.

6. 설문지

(1) 설문지의 작성 과정

① 설문지를 작성할 때에는 먼저 조사 계획을 수립해야 하며 무엇을 물을 것인지, 어떤 순서로 물을 것인지, 어떤 형태로 물을 것인지(개방형/폐쇄형 질문), 어떤 어휘와 표현을 선택할 것인지를 결정해야 한다.

② 작성순서는 "질문서 작성의 예비조사 → 질문서의 구조와 질문 내용의 파악 → 질문 → 응답 형태의 선택 → 질문 순서의 결정 → 질문 용어의 선택 → 예비조사와 질문서의 보완"이다.

(2) 설문지 작성 요령

설문지를 잘못 작성하면 조사 자체가 무효가 될 수 있으므로 유의사항을 잘 지켜야 한다.

① 질문의 순서는 응답에 큰 영향을 미치므로 응답하기 쉽고 흥미가 있는 질문으로 먼저 시작하며, 논리적으로 질문을 배열한다.

② 질문은 짧고 간단해야 하며, 한 문항에 2가지 질문을 포함하지 않는다.

③ 응답자가 이해하기 쉬운 표현을 사용하며 기술적, 전문적 용어를 피하고 쉬운 용어를 사용한다.

④ 응답자가 대답하기 곤란한 질문들에 대해서는 직접적인 질문을 피하고, 지나치게 자세한 응답을 요구하지 않는다.

⑤ 애매하거나 이중 의미를 담고 있는 단어의 사용은 지양하며, 단어의 뜻을 명확하게 설명해야 한다.

7. 질문의 유형

(1) 개방형 질문의 특성

① 주관식 질문으로 제한 받지 않고, 다양하고 자유롭게 응답할 수 있다.

② 너무 다양한 응답은 혼란이 생길 수 있으며, 코딩과 분석에 어려움이 발생할 수 있다.

③ Pilot Study 또는 탐색적 조사에 쓰인다.

④ 응답자에게 폐쇄형 질문보다 더 심리적 부담을 줄 수 있다.

⑤ 표현능력 등 의사소통 능력이 부족한 응답자에게 적용하기 어렵다.

⑥ 문제의 핵심을 알고자 할 때 사용하는 예비조사나 탐색적 조사 등에 사용되며, 규모가 작은 조사에 더욱 적합하다.

⑦ 조사자가 표본에 대한 정보를 가지고 있지 않을 때 사용하기 적절하다.

⑧ 개방형 질문의 유형으로는 자유응답형, 문자완성형, 투사기법 질문 등이 있다.

(2) 폐쇄형 질문의 특성

① 부호화와 분석이 용이하여 시간과 경비를 절약할 수 있다.

② 응답하거나 생각하기 난감한 주제에 보다 적합하다.

③ 질문에 대한 대답이 표준화되어 있기 때문에 비교가 가능하다.

④ 대규모 조사에 적합하다.

⑤ 신뢰성 있는 응답 확보가 가능하다.

⑥ 응답을 범주로 묶기 때문에 중요한 자료를 얻지 못할 가능성이 있다.

⑦ 자료 해석 및 분석이 용이하나 응답자가 선택하고자 하는 응답이 범주에 없을 경우, 사실과 다른 선택을 할 가능성이 있다.

⑧ 패쇄형 질문의 유형 : 다지선다형, 양자택일형, 척도형의 질문 등이 포함된다.

03. 면접조사

1. 면접조사의 특성

① 응답자들을 모두 직접 만나서 조사를 하는 방식이다.
② 면접조사는 보통 개인면접조사법(Personal Interview)을 뜻한다.
③ 조사사가 직접 조사 과정에 참여하게 된다.
④ 설문조사 방법 중 가장 많이 사용된다.

2. 면접조사의 장점 및 단점

① 조사자를 직접 대면하고 있어 탐색질문이나 보조 설명이 가능하여 융통성이 높은 편이다.
② 1:1 혹은 1:다수로 진행 가능하다.
③ 관찰조사를 병행하며 실시할 수 있다.
④ 조사자가 직접 조사를 실시하기 때문에 협조적 회수율이 높은 편이다.
⑤ 보조도구 등을 활용하며 응답자의 흥미를 유도하거나 문자의 오해나 오류 등을 줄일 수 있다.
⑥ 전화나 우편조사 등으로는 확인이 어려운 응답자의 태도나 감정 등을 파악할 수 있다.
⑦ 전화나 우편조사보다 투입되는 시간, 조사기간, 비용이 많이 소요된다.
⑧ 개인적인 질문이나 민감한 질문은 하기 어렵다.
⑨ 조사자가 직접 조사에 참여하므로 통제가 어렵다.

3. 면접조사의 종류

(1) 표준화 면접

① 표준화 면접의 특성
구조화 면접법으로 면접조사표에 의해 질문의 내용이나 순서가 일관성 있게 미리 준비되어 있고, 조사자는 준비된 해당 계획에 따라 면접을 진행하는 방식이며 대부분 폐쇄형 질문이 사용된다.

② 표준화 면접의 장점 및 단점

철저하게 구조화 되어 있고, 반복적인 면접으로 조사자 훈련이 비교적 용이한 편이며 조사자의 행동에 일관성이 높다. 또한 얻어진 자료는 신뢰도와 객관성이 높다는 장점이 있으며 조사 결과 해석, 분석에 용이한 반면, 융통성 및 신축성이 낮은 편으로 질문의 방향이나 범위 등을 변경하기 어렵고, 구체화되지 않은 정보나 새로운 사실을 발견할 가능성이 적다.

(2) 비표준화 면접

① 비표준화 면접의 특성

비구조화 면접법으로 질문의 순서나 내용이 미리 정해져 있지 않아 조사 목적에 적합하다고 판단이 되면 상황에 따라 어떠한 방법으로든지 변경할 수 있는 자유로운 면접법이다. 자유응답식의 경우 면접자에게 자유재량권이 부여되도록 한다. 그만큼 면접자는 해당 조사를 통하여 수집할 자료가 무엇인지를 분명히 설계해 놓아야 한다.

② 비표준화 면접의 장점 및 단점

신축성과 융통성 높아 새로운 사실이나 아이디어 발견의 가능성이 높고, 자료의 타당도가 높은 반면, 반복적인 면접이 불가하며, 면접자의 자질과 훈련 정도에 따라 자료의 신뢰도 자체에 문제가 발생할 가능성이 있고, 숫자화 측정 등 결과 분석이 용이하지 않다.

4. 면접조사 시 유의사항

① 응답자의 저항, 거부감을 줄이기 위해 친숙한 분위기를 조성할 필요가 있다.
② 조사자는 사전에 미리 질문 내용 및 순서, 조사 목적에 대해 정확하게 파악해서 응답자에게 혼란을 주지 않아야 한다.
③ 조사자의 용모나 언어, 비언어적인 행동에서 이질감이 없도록 해야 한다.
④ 조사를 진행하면서 응답 내용을 누락, 오기재할 수 있으므로 주의해야 한다.

04. 전화조사

1. 전화조사의 장단점

(1) 전화조사의 장점

① 지역의 한계를 극복하고, 전국적으로 조사가 가능하다.

② 면접, 우편조사에 비해 비용이나 시간을 줄일 수 있고, 정보를 가장 빠르게 입수할 수 있어 여론조사에 많이 사용된다.

③ 모니터링이나 녹취 등으로 조사자 통제가 가능하며, 조사자에 의한 오류 발생을 줄일 수 있다.

④ 조사자가 질문을 이해하기 어려울 경우, 추가 설명이 가능하다.

⑤ 우편조사와 비교했을 때 응답률이 높고, 융통성이 높다.

⑥ 응답자는 무방문으로도 쉽게 조사에 응할 수 있어 편리성이 수반된다.

⑦ 직업군 조사에 용이하다.

⑧ 시스템을 통해 번호 생성이나 전화번호 추출이 가능하여 표본오차가 가장 신뢰할 만하다.

(2) 전화조사의 단점

① 시각적인 보조도구 등의 활용이 불가능하다.

② 응답의 성실성이 떨어지는 응답자의 경우, 지나치게 간단한 답변으로 상세한 정보 획득이 어려울 수 있다.

③ 전화번호 미등재 비율이 높을 경우 조사의 비효율성이 초래된다.

④ 표본의 대표성 및 답변의 신뢰성 문제로 학술연구의 목적으로는 많이 사용하지 않는다.

⑤ 전화통화이므로 질문의 길이나 내용이 제한되어 있다.

⑥ 비대면 대화로 민감한 질문은 거의 불가능하다.

⑦ 조사 도중 응답자가 거부를 하는 등 전화를 끊을 가능성이 있다.

05. 우편조사

1. 우편조사의 특성 및 장단점

(1) 우편조사의 장점

① 최소 경비와 노력 : 최소 경비와 노력으로 조사 진행이 가능하다.
② 접근 가능성 : 지역, 시간에 구분 없이 거의 모든 응답자에게 접근 가능하다. 또한 전화조사는 응답자가 부재중일 경우 조사가 불가능하지만 우편조사는 조사 가능하다.
③ 응답자의 시간 자율성 : 응답자는 기한 내 본인이 편한 시간에 맞추어 작성할 수 있다는 편리함이 있다.
④ 익명성이 보장된다.
⑤ 조사자의 편견 개입이 불가하다.

(2) 우편조사의 단점

① 낮은 회수율 : 우편조사의 경우 20~40% 정도의 회신율을 보인다.
② 신뢰도 : 응답자의 진위 여부 확인이 불가능하다.
③ 응답자 확인 문제 : 답변이 모호할 경우 확인이 불가하다.
④ 상세한 정보 획득 불가 : 답변 성실도가 떨어지거나 지면의 한계로 깊이 있고, 자세한 정보 획득이 불가하다.
⑤ 질문지 회신기간 통제가 불가능하다.

2. 우편조사 회수율의 향상 방안

(1) 회수율에 영향을 미치는 요인

① 동기부여
② 동질집단
③ 질문의 양이나 반송 방법
④ 독촉서신 여부
⑤ 연구 주관기관과 지원단체의 성격

(2) 회수율 높이는 방법

① 대상자에게 선물을 제공해준다.

② 설문지 반송 기한을 기재한다.

③ 표지 등의 디자인에 신경을 써서 가시성을 높인다.

④ 설문지 발송 후, 다시 한 번 응답을 요청하는 등의 후속조치를 하는 방법 등이 있다.

⑤ 예비조사를 통해 회수율을 사전 예측하고 추가 계획을 수립한다.

06. 집단조사

(1) 집단조사의 특징

동일한 장소에 응답자들을 모은 후 동시에 설문지를 나눠주며 직접 조사에 응하도록 하는 자기기입식 조사 방법이다.

(2) 집단조사의 장점 및 단점

① 개인면접보다는 시간과 비용을 절감할 수 있고, 조사가 간편하다.

② 다수의 조사원이 필요하지 않아 조사원의 수가 줄어들어 비용이 절감되고, 한 명의 조사자가 집단을 대상으로 전체적으로 설명해서 표준화시킬 수 있다는 장점이 있다.

③ 집단을 한 곳에 모이도록 하는 것이 어렵고, 집단 내에서 서로에게 영향을 주고받을 수 있다는 단점이 있다.

④ 설문지에 응답이 잘못 되었을 경우, 재조사하기 어렵다.

⑤ 응답자의 개인별 차이를 무시함으로써 조사 자체의 타당성이 낮아지기 쉽다.

⑥ 응답자들과 동시에 직접 대화할 기회가 있어 질문서에 대한 오류를 줄일 수 있다.

07. 자료의 측정

1. 측정의 정의 및 목적

(1) 측정의 정의 및 특징

① 어떤 사실이나 특성에 대해 수치, 기호로 나타내는 과정이다.
② 통계적인 분석은 수치의 형태를 통해서만 가능하기 때문에 대부분 수치로 다룬다.
③ 여러 과정에서 얻은 결과로 추상적인 개념을 구체적으로 표현하기 위해 타당성과 신뢰성이 높은 측정이 요구된다.

(2) 측정의 기능

① 표준화 기능

측정은 관찰한 사항에 대해 주관적인 판단이 아닌, 객관적인 것이 되도록 입증해주며, 개념에 대한 측정을 통해 검증을 거쳐 이론을 표준화, 일반화시킬 수 있도록 해준다.

② 계량화 기능

수량화 기능이라고도 하며 측정은 다양한 특성을 수나 기호로 표현한다. 이는 통계적인 분석을 가능토록 해준다.

③ 일치의 기능

조화 기능이라고도 하며, 추상적인 개념을 현실세계와 일치, 조화시키는 측정의 규칙이다.

④ 반복의 기능

측정은 조사를 통하여 다른 사람들에게 전달함으로써 반복적으로 그 결과에 대해 확인, 의사소통할 수 있는 역할을 한다.

(3) 측정오차의 종류

① 측정오차

가. 측정 대상의 실제값과 측정값 사이의 차이를 말한다.
나. 타당성과 관련 있는 체계적인 오차와 신뢰성과 관련 있는 비체계적인 오차로 나뉜다.
다. 체계적 오차와 비체계적 오차는 척도의 타당성과 신뢰성으로 연결된다.

② 체계적 오차

　가. 척도 자체가 잘못되어 발생하는 오류

　나. 체계적인 오류가 작을수록 객관적으로 정확하다고 해석할 수 있고, 그 척도는 타당성이 높다고 판단할 수 있다.

　다. 체계적인 오차를 줄이게 되면 타당성은 높아진다.

　라. 예) 수치가 잘못된 자를 이용하여 길이를 재는 경우, 설문지 자체에 오류가 있는 경우 등이 포함된다.

③ 비체계적 오차

　가. 측정과정, 즉 측정하는 사람이나 상황으로 인해 발생하는 오류

　나. 체계적인 오류가 작다는 것은 측정할 때마다 유사한 값이 나타난다는 뜻으로 신뢰성이 높은 척도라고 해석할 수 있다.

　다. 정확한 근거를 알지 못하는 경우가 많고, 통제가 불가능하다.

2. 척도의 종류

(1) 척도의 의미

① 조사 시 관찰된 현상에 대해 하나의 값을 할당시키기 위해 사용되는 측정의 수준을 말하며 측정하는 도구를 뜻한다.

② 척도는 다양한 형태로 개발될 수 있기 때문에 마케팅 조사에서 만들어질 수 있는 척도는 셀 수 없을 만큼 많다.

(2) 척도의 종류

척도가 나타내는 정보의 양에 따라 명목척도, 서열척도, 간격척도, 비율척도로 나뉘며, 비율척도 〉 간격척도 〉 서열척도 〉 명목척도 순으로 많은 양의 정보를 가지고 있다.

① 명목척도

서열이나 수치간의 거리는 아무 의미가 없고, 명목척도로 수집된 자료들 사이의 평균 또한 아무 의미가 없다. 조사 대상을 분류하기 위해 사용되는 수치로 대표적으로는 운동선수의 등 번호, 아파트 동 호수, 주민번호 뒷자리 등이 있다.

② 서열척도

각 응답은 서열의 정보와 범주의 정보를 가지고 있으며 순서에도 의미는 있으나 수치간의 차이는 없으며, 해당 대상들간의 순위 개념을 측정하기 위해 사용된다. 대표

적으로 학급의 성적순, 회사의 제품 선호도 조사, 학급의 키 순서대로 부여한 번호 등이 있다.

③ 등간(간격)척도

서열의 정보와 거리의 정보를 나타내는 척도로 등간척도의 측정값들은 일정하고 동일한 간격을 가지고 있으며 온도, IQ, 시각 등이 포함된다.

④ 비율척도

대상의 직접적인 상태를 측정하는 것으로 거리, 범주, 서열의 정보에 비율의 정보를 추가적으로 나타내는 척도이다. 가장 상위의 척도로 가장 많은 정보를 가지고 있으며 키, 몸무게, 나이, 가격, 분기별 매출 등이 있다.

3. 측정의 신뢰성과 타당성

좋은 측정 도구가 갖추어야 할 두 가지 기준이 바로 타당성과 신뢰성이다. 측정 대상의 속성을 정확하게 반영하고 있다는 것을 타당성이라고 한다면, 측정 도구는 동일한 상황이나 다른 상황에서도 동일한 관측 대상을 측정하더라도 그 측정값은 늘 동일해야 하는 신뢰성을 가지고 있다.

(1) 타당성의 개념 및 특성

① 측정 도구와 방법에 관한 개념으로 측정 도구가 측정하려는 현상을 얼마나 잘 반영하고 있는지에 대한 정도를 말한다.

② 어떠한 측정도구를 사용하느냐에 따라 측정 결과가 달라질 수 있으므로 타당성이 높은 측정 도구와 방법을 사용해야 한다.

(2) 측정에 대한 타당성 구분

① 구성개념 타당성

추상적 개념과 측정 지표간의 일치하는 정도를 나타내며 구성개념 타당성은 동일한 개념에 대해 다른 측정방법으로 측정한 값의 상관성 정도를 뜻하는 수렴적 타당성과, 다른 개념에 대해 동일하거나 상이한 측정 방법에 의해 나타나는 측정값의 차별화 정도를 뜻하는 차별적 타당성이 있다.

② 기준 타당성(이해 타당성, 경험적 타당성)

타당성이 높은 측정 도구라면 측정 도구에 의해 나타난 결과가 이미 검증된 다른 기준과의 타당성도 상관관계가 있다는 것이다. 기준 타당성은 기준의 측정 시점이

미래로, 미래에 발생할 사건을 얼마나 잘 예측하는가를 나타내는 예측적 타당성과, 기준의 측정 시점이 현재로, 척도와 변수 간의 관계가 동시에 평가되는 동시적 타당성으로 나뉜다.

③ 내용 타당성

측정 도구를 이용하여 측정하고자 하는 개념이 있을 때, 개념들을 포괄적으로 다양하게 포함하고 있는가에 대한 부분으로 내용 타당성 정도는 주관적으로 판단할 수밖에 없기에 구성개념과 이해가 있는 전문가가 판단을 내리도록 한다.

(3) 타당성 향상 방법

① 마케팅의 전반적인 영역뿐 아니라 측정 대상인 구성개념이나 변수에 대해 정확하게 이해한다.
② 한 가지 측정 방법만을 사용하기보다 여러 측정 방법을 개발, 활용한다.
③ 명확한 용어를 정의함으로써 응답자와 조사자의 개념에 대한 이해 차이가 없도록 한다.
④ 상관관계가 낮은 항목들은 제거하고, 높은 변수만을 측정한다.
⑤ 기존의 다른 연구에서 사용된 타당성을 인정받은 측정법을 사용한다.
⑥ 단일척도보다 두 개 이상의 다른 척도를 사용하여 집중 타당성을 평가한다.
⑦ 측정 대상에 대해 명확하게 알고 있는 사람이 척도를 개발, 평가하도록 한다.

(4) 신뢰성 향상 방법

① 구성개념을 정확하게 이해한다.
② 높은 신뢰성으로 인정받는 측정법을 사용한다.
③ 시간과 경제적 여유가 있다면 반복 측정법을 사용한다.
④ 측정 항목의 수, 척도점의 수를 많이 늘린다.
⑤ 조사자의 면접 방식은 늘 일관되어야 하며 태도, 조사환경, 응답여건 등을 동일하게 한다.
⑥ 질문을 명확하게 하여 응답자별로 오해가 생기거나 해석이 상이하지 않도록 한다.
⑦ 응답자의 무성의한 응답, 일관성이 없는 응답은 배제시킨다.
⑧ 상호 영향을 줄 수 있는 질문은 분리하여 배치한다.
⑨ 동일한 척도는 모아서 배열한다.

Chapter 04

핵심 기출문제

1. 자유응답형 질문의 장단점을 쓰시오.

정답 자유롭게 응답자의 의견을 들을 수 있다는 장점과 깊이 있고 심도 있게 자세한 의견을 들을 수 있다. 다만, 다양한 의견이 나오기 때문에 숫자화, 체계화하기 어렵고 응답자가 심리적인 부담감을 느낄 수 있다.

2. 2차 자료의 의미와 종류 2가지를 쓰시오.

정답 ① 2차 자료의 의미 : 기업의 시장조사의 목적이 아닌 다른 조사를 목적으로 이미 수집된 자료를 뜻한다.
② 2차 자료의 종류 : 신문, 잡지, 정부 통계 자료, 신디케이트 자료 등

3. 설문지 작성 시 질문의 순서를 결정할 때 고려할 요소 5가지를 쓰시오.

① 첫 번째 질문은 응답자의 부담감을 덜어줄 수 있도록 재미있으며 관심을 가질 수 있는 내용이어야 한다.
② 조사자는 가능한 한 쉽게 대답할 수 있는 질문들은 전반부에 배치하고, 응답하기 어려운 질문들은 후반부에 배치하여야 한다.
③ 갑작스러운 논리의 전환이 이루어지지 않도록 질문의 순서를 정하여야 한다.
④ 흥미가 있는 질문으로 먼저 시작하고, 논리적으로 질문을 배열한다.
⑤ 소득, 출신지, 직업 등의 민감한 질문이나 사생활에 관련한 질문은 설문지 끝에 배치한다.

4. 시장조사의 절차를 순서대로 나열한 것이다. 괄호 안을 알맞게 채우시오.

문제 정의→(ㄱ)→자료 수집→(ㄴ)→보고서 작성

ㄱ : 마케팅 조사 설계, ㄴ : 자료 분석 및 해석

5. 전화조사에 응하는 응답자의 기본적인 권리 3가지를 쓰시오.

① 자신의 정보가 노출되지 않고 안전하게 보호 받을 권리가 있다.
② 응답을 강요 받지 않을 권리가 있다.
③ 응답자 자신은 자신에 대한 정보를 스스로 통제할 권리가 있고, 익명성을 요구할 수 있다.

6. 폐쇄형 질문과 개방형 질문의 장단점을 쓰시오.

정답

*개방형 질문
① 장점 : 조사자가 표본에 대한 정보를 가지고 있지 않을 때 사용하기 적절하며, 다양하고 자유롭게 응답할 수 있다.
② 단점 : 응답자에게 폐쇄형 질문보다 더 심리적 부담을 줄 수 있고, 표현능력 등 의사소통 능력이 부족한 응답자에게 적용하기 어렵다.

*폐쇄형 질문
① 장점 : 부호화와 분석이 용이하여 시간과 경비를 절약할 수 있고, 질문에 대한 대답이 표준화되어 있기 때문에 비교가 가능하다.
② 단점 : 응답을 범주로 묶기 때문에 중요한 자료를 얻지 못할 가능성이 있고, 자료 해석 및 분석이 용이하나 응답자가 선택하고자 하는 응답이 범주에 없을 경우에는 사실과 다른 선택을 할 가능성이 있다.

7. 정성적, 정량적 조사기법 중 정성적 조사기법에 해당하는 3가지를 기술하시오.

정답 탐색조사, 실험조사, 심층면접법, 투사법 등

8. 전화조사, 우편조사, 면접조사를 비교하시오.

정답

*전화조사
① 특성 : 전화라는 도구를 이용하여, 표본으로 선정된 대상자들과 통화로 조사를 하는 방법이다.
② 장점 : 면접, 우편조사에 비해 비용이나 시간을 줄일 수 있고, 정보를 빠르게 입수할 수 있어 여론조사에도 많이 사용된다.
③ 단점 : 시각적인 보조도구 등의 활용이 불가능하고, 응답의 성실성이 떨어지는 응답자의 경우 지나치게 간단한 답변으로 상세한 정보 획득이 어려울 수 있다.

*우편조사
① 특성 : 설문지를 우편으로 보내고, 응답자는 모두 작성한 후 다시 우편으로 반송하는 방법이다. 본인이 스스로 작성하는 방법으로 자기기입식의 가장 흔한 형태이다.
② 장점 : 최소 경비와 노력으로 조사 진행이 가능하며 지역, 시간에 구분 없이 거의 모든 응답자에게 접근 가능하다. 또한 전화조사는 응답자가 부재중일 경우 조사가 불가능하지만 우편조사는 조사 가능하다.
③ 단점 : 상세한 정보 획득이 불가하고, 답변 성실도가 떨어지거나 지면의 한계로 깊이 있고 자세한 정보 획득이 불가하다. 우편, 전화, 면접 방법 중 응답률이 가장 떨어진다는 단점이 있다.

*면접조사
① 특성 : 응답자들을 모두 직접 만나서 조사를 하는 방식으로, 조사자가 직접조사 과정에 참여하게 된다.
② 장점 : 조사자를 직접 대면하고 있어 탐색질문이나 보조 설명이 가능하여 융통성이 높은 편이며, 전화나 우편 조사 등으로는 확인이 어려운 응답자의 태도나 감정 등을 파악할 수 있다.
③ 단점 : 전화나 우편조사보다 투입되는 시간, 조사기간, 비용이 많다. 개인적인 질문이나 민감한 질문은 하기 어렵다.

9. 확률표본추출방법, 비확률표본추출방법을 각각 2가지씩 쓰시오.

정답 ① 확률표본추출방법 : 단순무작위 표본추출, 층별 표본추출, 군집별 표본추출, 체계적 표본추출, 지역별 표본추출
② 비확률표본추출방법 : 임의표본추출, 주관에 의한 표본추출, 할당표본추출

10. 시장조사 방법의 결정 기준 3가지를 쓰시오.

정답 조사 설계 목적, 조사 조건 및 조사 주제, 시간적 구분, 조사 대상의 크기

11. 시장조사 시 오류를 줄이는 방법 3가지를 쓰시오.

정답 리스트 클리닝, 정확하게 업데이트 된 데이터베이스, 목적에 맞는 시장조사 방법 결정 등

12. 자료수집 방법 중 집단조사의 장단점을 2가지씩 적으시오.

정답
① 장점 : 개인면접보다는 시간과 비용을 절감할 수 있고, 조사가 간편하다. 또한 다수의 조사원이 필요하지 않아 조사원의 수가 줄어들어 비용이 절감되고, 한 명의 조사자가 집단을 대상으로 전체적으로 설명해서 표준화 시킬 수 있다는 장점이 있다.
② 단점 : 집단을 한 곳에 모이도록 하는 것이 어렵고, 집단 내에서 서로에게 영향을 주고받을 수 있다. 설문지에 응답이 잘못되었을 경우 재조사하기 어렵다.

13. 전화조사의 장점을 4가지 쓰시오.

정답
① 지역의 한계를 극복하고, 전국적인 조사가 가능하다.
② 면접, 우편조사에 비해 비용이나 시간을 줄일 수 있다.
③ 정보를 가장 빠르게 입수할 수 있다.
④ 개별면접 방법보다 시간과 비용 면에서 경제적이다.
⑤ 응답자들이 면접자와의 대면적 조사방법에서 느끼는 불편감을 제거할 수 있다.

14. 확률표본추출방법의 종류 3가지를 쓰시오.

정답 | 단순무작위 표본추출, 층별 표본추출, 군집별 표본추출, 체계적 표본추출, 지역별 표본추출

15. 전화를 이용한 시장조사의 장점과 단점을 각각 2개씩 쓰시오.

정답 | *장점
① 지역의 한계를 극복하고, 전국적으로 조사가 가능하다.
② 면접, 우편조사에 비해 비용이나 시간을 줄일 수 있다.
③ 정보를 빠르게 입수할 수 있다.

*단점
① 시각적인 보조도구 등의 활용이 불가능하다.
② 응답의 성실성이 떨어지는 응답자의 경우, 지나치게 간단한 답변으로 상세한 정보 획득이 어려울 수 있다.
③ 전화번호 미등재 비율이 높을 겨우 조사의 비효율성이 초래된다.

16. 시장조사 과정에서 발생할 수 있는 불포함 오류와 무응답 오류의 개념을 간략히 쓰시오.

정답 | ① 불포함 오류 : 표본조사 시 발생할 수 있는 오류로 표본체계가 완전하지 않아 모집단의 일부를 표본추출 대상에서 제외시켜 발생되는 오류라고 할 수 있다.
② 무응답 오류 : 응답자의 설문을 거부하거나, 비접촉으로 인한 오류라고 할 수 있다.

17. 표적집단면접(Focus Group Interview)에 대해 설명하고 이를 언제 적용하는 게 좋은지 기술하시오.

정답 표적집단면접(Focus Group Interview)은 면접 조사 방식으로 보통 10명 내외의 소수의 집단으로 구성되며, 유사한 집단의 대상을 같은 시간, 같은 장소에 모아 자유롭게 이야기하는 방식으로 진행되며, 심층적인 내용을 다루면서 토론 형식의 다양한 의견을 수렴하고자 할 때 적용하기 좋다.

18. 설문지 작성 시 주의(유의)사항을 2가지 쓰시오.

정답 ① 첫 번째 질문은 응답자의 부담감을 덜어줄 수 있도록 재미있으며 관심을 가질 수 있는 내용이어야 한다.
② 조사자는 가능한 한 쉽게 대답할 수 있는 질문들은 전반부에 배치하고, 응답하기 어려운 질문들은 후반부에 배치하여야 한다.
③ 갑작스러운 논리의 전환이 이루어지지 않도록 질문의 순서를 정하여야 한다.

19. 시장조사 자료의 측정에서 자료표본 추출과정 5단계를 순서대로 나열하시오.

정답 │ 모집단 규정 → 표본프레임 결정 → 표본추출 방법 결정 → 표본크기 결정 → 표본추출

20. 조사자는 다양한 자료수집 방법 중 조사목적이나 자료의 특성에 따라 가장 적합한 자료수집 방법을 선택하여야 한다. 일반적인 자료수집 방법을 선택하는 기준 3가지를 쓰시오.

정답 │ 다양성, 모집단의 크기, 객관성, 신속성, 경제성

21. [귀하께서는 현재 귀하가 근무하고 있는 직장의 급여와 직업 환경에 만족하고 계십니까?] 위 질문의 문제점은 무엇인가? 위 질문을 올바르게 정정하시오.

정답 │ 설문지를 작성할 때에는 한 문항에 두 가지 이상의 질문을 하지 않아야 정확한 조사가 가능하므로 2개의 질문으로 나누어서 한다.
"귀하께서는 현재 귀하가 근무하고 있는 직장의 급여에 만족하고 계십니까?"
"귀하께서는 현재 귀하가 근무하고 있는 직장의 직업 환경에 만족하고 계십니까?"

22. 탐색조사를 실시하는 이유를 3가지 쓰시오.

정답
① 조금 더 정교한 조사를 위한 전 단계에서 사용하며, 조사자가 문제에 대해 익숙해지기 위해 필요하다.
② 다음 조사의 우선 순위를 정하고자 할 때 활용된다.
③ 개념을 정확하게 하기 위해 사용된다.

23. 자료수집 방법의 선택기준 5가지를 쓰시오.

정답
다양성, 모집단의 크기, 객관성, 신속성, 경제성

24. 마케팅조사 설계 시 탐색조사, 기술조사, 인과조사에 대한 방법을 설명하시오.

정답
① 탐색조사 : 조사목적을 분명하게 정의하기 어렵거나, 어떤 정보가 필요한지 불문명한 경우 사용하는 조사방법이다. 탐색조사를 할 경우 조사를 통해 얻은 자료를 바탕으로 조사목적을 분명하게 정의할 수가 있다. 보통 문헌조사, 표적집단면접법, 전문가의견조사 등을 활용한다.
② 기술조사 : 실제 시장의 특성을 정확하게 분석하기 위해 수행하는 조사방법으로 특정상황의 발생빈도 조사, 관련변수 사이의 상호관계 파악 등을 목적으로 한다. 기술조사에는 종단조사, 횡단조사가 활용된다.
③ 인과조사 : 가격과 수요 간의 상관관계와 같이 여러 변수들간의 인과관계를 밝히는 것이 목적인 실험 연구를 말한다.

25. 시장조사에서 측정의 신뢰성을 향상시키기 위한 방법을 4가지 쓰시오.

정답
① 구성개념을 정확하게 이해한다.
② 높은 신뢰성으로 인정받는 측정법을 사용한다.
③ 시간과 경제적 여유가 있다면 반복 측정법을 사용한다.
④ 측정 항목의 수, 척도점의 수를 많이 늘린다.
⑤ 조사자의 면접 방식은 늘 일관되어야 하며 태도, 조사환경, 응답여건 등을 동일하게 한다.
⑥ 질문을 명확하게 하여 응답자별로 오해가 생기거나 해석이 상이하지 않도록 한다.

26. 조사 목적에 따른 마케팅 조사의 종류 중 전문가 의견조사, 문헌조사 등이 이루어지는 조사를 쓰시오.

정답 탐색조사

27. 시장조사 중 커뮤니케이션에 의한 자료수집 방법 3가지를 쓰시오.

정답 전화조사, 우편조사, 면접조사

28. 신뢰도 검사 방법 중 재검사법(Retest)에 대해 설명하고 단점을 3가지 쓰시오.

정답
① 재검사법(Retest) 정의 : 하나의 검사를 적당한 시간 간격을 두고 다시 실시하는 것으로, 두 검사의 결과를 비교하는 신뢰도 측정 방법이다.
② 재검사법(Retest) 단점 : 연습효과, 기억효과로 첫 번째 조사가 재검사 조사 결과에 영향을 미친다. 또한 시간 간격에 따라서 조사 대상자 집단의 특성이 변화가 있을 수 있다는 것, 측정 기간 중 발생한 사건으로 인해 조사결과가 영향을 받을 수 있다는 단점이 있다.

29. 평균 재고 판매액이 일정기간 동안 회전해서 판매액을 형성하는 회전도수, 즉 연간 매출액을 평균상품 재고액으로 나눈 것을 무엇이라라 하는가?

정답 | 상품회전율

30. 조사자가 수집할 수 있는 자료는 1차 자료와 2차 자료로 구분할 수 있다. 1차 자료와 2차 자료에 대해 간략히 설명하시오.

정답 ① 1차 자료 : 다른 목적을 가지고 이미 수집된 기존의 자료가 아닌, 현재 당면한 문제를 해결하기 위한 목적으로 수집하는 자료를 1차 자료라고 한다. 목적에 적합한 자료를 직접 수집하기 때문에 신뢰도, 타당도가 높고 직접적으로 자료를 재분석 및 생성하는 것이 가능하다.
② 2차 자료 : 기업의 시장조사의 목적이 아닌 다른 조사를 목적으로 이미 수집된 자료를 뜻한다. 기존에 만들어진 자료를 이용하는 것으로 자료 수집에 투입되는 시간과 노력이 적고, 원하는 데이터를 신속하게 얻을 수 있다는 장점이 있다.

31. 다음 용어의 의미를 간략하게 설명하시오.

> 모집단, 표집단위, 표집률, 표집틀

정답 ① 모집단 : 조사의 대상이 되는 집단 전체를 말한다.
② 표집단위 : 모집단에서 표본을 표집하는 경우, 표집과정의 각 단계에서의 표집 대상
③ 표집률 : 모집단에서 개별요소가 선택될 비율
④ 표집틀 : 표본이 추출될 수 있는 전체 모집단의 구성요소의 목록

32. 조사 과정에서 발생할 수 있는 오류 중 무응답 오류를 통제할 수 있는 방법을 3가지 쓰시오.

정답 | 리스크 클리닝, 정확하게 업데이트 된 데이터베이스, 대상별 조사 가능한 시간대 및 조사 방법 파악

33. 면접조사에서 쓰이는 의견도출기법 중 Probing과 래더링에 대해 설명하시오.

정답 | ① Probing : 일명 캐어묻기 기법으로 응답자가 완전하지 않거나 불명확한 답변을 했을 때 다시 질문하는 것을 말한다. 자유롭게 표현하도록 하되, 적당한 기점에서 끝내야 한다.
② 래더링 : '사다리타기'라는 의미로 어떤 제품이나 브랜드가 가지고 있는 속성과 혜택, 가치들이 어떻게 계층적으로 연결되어 있는지를 찾아내는 방법이다.

34. 조사에 앞서 조사할 현장의 특성과 표본에 대한 지식을 습득하고 설문지의 타당성을 검토하는 과정을 무엇이라고 하는가?

정답 | 예비조사

35. 다음 조사방법이 무엇인지 쓰시오.

> (ㄱ) : 조사자가 소수의 응답자를 대상으로 특정 장소에 모여 신제품이나 제품의 컨셉트를 조사하는 것으로 자유로운 토론을 통한 탐색조사를 하는 방법이다.
> (ㄴ) : 표본으로 선정된 대상자에게 질문지를 이용해 다수의 대상으로부터 자료를 수집하는 방법이다.

정답 | ㄱ : 표적집단면접, ㄴ : 설문조사법

36. 전화조사의 문제점을 4가지 쓰시오.

정답 |
① 시각적인 보조도구 등의 활용이 불가능하다.
② 응답의 성실성이 떨어지는 응답자의 경우, 지나치게 간단한 답변으로 상세한 정보 획득이 어려울 수 있다.
③ 전화번호 미등재 비율이 높을 경우 조사의 비효율성이 초래된다.
④ 표본의 대표성 및 답변의 신뢰성 문제로 학술연구의 목적으로는 많이 사용하지 않는다.
⑤ 전화통화이므로 질문의 길이나 내용이 제한되어 있다.
⑥ 비대면 대화로 민감한 질문은 거의 불가능하다.
⑦ 조사 도중 응답자가 거부를 하는 등 전화를 끊을 가능성이 있다.

37. 설문지의 적합성 여부를 판단하기 위해 설문조사를 하기 전 먼저 실시하는 조사를 무엇이라고 하는가?

정답 │ 사전조사

38. 설문조사를 위한 질문문항을 작성한 후 설문지를 효과적으로 제시하는 방법을 4가지 쓰시오.

정답 │ ① 첫 번째 질문은 응답자의 부담감을 덜어줄 수 있도록 재미있으며 관심을 가질 수 있는 내용이어야 한다.
② 조사자는 가능한 한 쉽게 대답할 수 있는 질문들은 전반부에 배치하고, 응답하기 어려운 질문들은 후반부에 배치하여야 한다.
③ 갑작스러운 논리의 전환이 이루어지지 않도록 질문의 순서를 정하여야 한다.
④ 흥미가 있는 질문으로 먼저 시작하고, 논리적으로 질문을 배열한다.
⑤ 소득, 출신지, 직업 등의 민감한 질문이나 사생활에 관련한 질문은 설문지 끝에 배치한다.

39. 조사에서 일반적으로 사용되는 1차 자료의 수집방법을 3가지 쓰시오.

정답 │ 관찰조사, 실험조사, 인터뷰, 서베이조사

40. 시장에서 척도를 통해서 얻게 되는 숫자(자료, DATA)에 내포되어 있는 정보의 수준에 따라 명목척도, 서열척도, 등간척도, 비율척도 등 4가지로 분류할 수 있다. 4가지 유형에 대해 설명하시오.

정답

① 명목척도 : 응답 대안에 임의적으로 숫자를 부여하는 척도이다. 숫자 그 자체만으로 크고, 작음을 의미하지 않는다. 또한 명목척도의 수는 범주나 부류의 역할을 하며 부류는 상호 배타적이어야 한다.

② 서열척도 : 해당 대상들간의 순위 개념을 측정하기 위해 사용되며 대표적으로 학급의 성적순, 회사의 제품 선호도 조사, 학급의 키 순서대로 부여한 번호 등이 있다. 또한 숫자간의 차이는 절대적인 의미를 갖지 않으며, 빈도수는 의미가 있다.

③ 등간척도 : 서열의 정보와 거리의 정보를 나타내는 척도이다. 등간척도는 측정값들은 일정하고 동일한 간격을 가지고 있으며 온도, IQ, 시각 등이 포함된다. 또한 숫자간의 차이는 절대적인 의미를 갖고 있으며 각 숫자는 범주, 서열, 거리에 대한 정보를 가지고 있다.

④ 비율척도 : 대상의 직접적인 상태를 측정하는 것으로 거리, 범주, 서열의 정보에 비율의 정보를 추가적으로 나타내는 척도로 가장 상위의 척도로 가장 많은 정보를 가지고 있으며 키, 몸무게, 나이, 가격, 분기별 매출 등이 있다.

41. 전화조사는 조사자와 응답자 사이의 커뮤니케이션을 통해서 이루어진다. 전화조사의 응답자 관점에서의 장점이 무엇인지 쓰시오.

정답
① 응답 시간과 장소에 구애받지 않는다.
② 직접 만나야 하는 부담감을 줄일 수 있다.
③ 통화 가능한 시간이나 장소를 응답자가 선택할 수 있어 편리하다.

42. 측정의 신뢰도를 검증하는 방법 2가지를 쓰시오.

정답
재검사법, 복수양식법, 반분법

43. 측정의 신뢰도를 높이는 방법을 4가지 쓰시오.

정답
① 구성개념을 정확하게 이해한다.
② 높은 신뢰성으로 인정받는 측정법을 사용한다.
③ 시간과 경제적 여유가 있다면 반복 측정법을 사용한다.
④ 측정 항목의 수, 척도점의 수를 많이 늘린다.
⑤ 조사자의 면접 방식은 늘 일관되어야 하며 태도, 조사환경, 응답여건 등을 동일하게 한다.
⑥ 질문을 명확하게 하여 응답자별로 오해가 생기거나 해석이 상이하지 않도록 한다.
⑦ 응답자의 무성의한 응답, 일관성이 없는 응답은 배제시킨다.

44. 순서, 순위, 등급을 매길 수 있도록 가치를 부여한 척도를 무엇이라고 하는지 쓰시오.

정답 | 서열척도

45. 다음 질문 형태의 잘못된 점을 쓰고 바르게 수정하시오.

> 귀하는 회사의 임금수준과 작업조건에 만족하십니까?

정답 | 설문지를 작성할 때에는 한 문항에 두 가지 이상의 질문을 하지 않아야 정확한 조사가 가능하므로 2개의 질문으로 나누어서 한다.
"귀하는 회사의 임금수준에 만족하십니까?"
"귀하는 회사의 작업조건에 만족하십니까?"

46. 마케팅 조사의 목적 3가지 중 (A)는 애매모호한 것에 대해 아이디어를 줌으로써 문제정의와 가설 설정을 하며 예비정보를 수집하고, (B)는 두 마케팅 변수 간 관련성 및 빈도를 파악하는 데에 목적이 있다. (C)는 원인과 결과 변수간 관련성을 파악해 마케팅현상을 이해 및 예측하는 데 목적이 있다.

A :

B :

C :

정답 | A : 탐색조사, B : 기술조사, C : 인과조사

47. 설문지 설계에 있어 필요한 질문이 확정되고 나면 각 항목별로 응답의 형태에 따라 질문을 결정해야 한다. 응답의 형태에 따른 질문종류엔 (①), (②), (③)이(가) 있다.

①

②

③

정답 | 척도형 질문, 다지선다형, 양자택일형

48. 비표본오차의 정의와 원인 3가지를 쓰시오.

정답 ① 비표본오차의 정의 : 표본추출 과정에서의 오차가 아닌, 조사 기획부터 최종보고서 작성에 이르기까지의 모든 과정에서 발생되는 오차를 말한다.
② 비표본오차의 원인 : 조사자의 부주의나 실수, 응답자의 질문 인지 부족 또는 원인을 알 수 없는 경우도 있다.

49. 비관찰 오류 2가지를 쓰시오.

정답 무응답 오류, 불포함 오류

50. 표준화면접과 심층면접에 대해 쓰시오.

정답
 ① 표준화면접 : 질문의 내용과 순서를 일관성 있게 미리 주의 깊게 준비하며, 면접을 실시하는 방법으로 면접자의 행동에 일관성이 높고, 자료의 신뢰도와 객관성이 높은 반면 융통성은 떨어진다.
 ② 심층면접 : 1차 자료를 수집하기 위한 정성조사 방법으로 훈련된 면접원이 응답자에게 질문의 형식을 미리 정하지 않은 상태에서 면접을 진행하는 방법이다. 응답자의 태도나 행동, 관심에 대해 파악할 수 있다.

51. 시장조사 단계를 계획, 실시, 분석 및 보고 3단계로 나눌 때 설문지 설계는 어느 단계에 해당하는가?

정답 실시 단계

Chapter

05

텔레마케팅 관리

01. 콜센터의 인사 및 성과 관리

1. 콜센터의 구성원

(1) 슈퍼바이저

① 10~20명 정도의 텔레마케터를 관리하며, 보통 팀으로 운영이 되기 때문에 팀장이라
고도 부른다.

② 텔레마케터에 대한 교육 훈련 및 성과관리 업무를 수행하는 사람이다. 콜센터의 원
활한 조직 관리를 위해 슈퍼바이저가 관리하는 상담사의 수를 적정하게 유지하는
것이 좋다(관리한계의 원칙).

(2) QAA(Quality Assurance Administrator, 통화품질 관리자)

QAA는 텔레마케터들의 통화 내용에 대해 평가하고 개선점을 찾아내 개선할 수 있도록
도와주는 사람으로 통화품질 관리, 상담원 코칭, 상담 내용 모니터링 등의 업무를 담당
한다.

2. 콜센터의 인력 관리 프로세스

과거 콜 데이터의 수집과 분석 → 콜 양의 예측 → 상담 인력의 계산 → 상담원의 스케줄
배정 → 일별 성과의 관리 및 분석

3. 콜센터 운영 방식에 따른 분류

① 자체 운영(In-house Telemarketing)
  - 기업 내 자체적으로 콜센터를 구축하여 운영하는 방식이다.
  - 콜센터 구축을 하기 위한 초기 투자비와 인력 관리 등의 고정비가 많이 들지만,
    고객정보를 안전하게 관리할 수 있으며 고객 관리의 노하우를 가지게 되고 고객

문제해결에 즉시 해결안을 제공할 수 있다.

② 대행 운영(Agency Telemarketing)
- 콜센터 운영의 기획부터 실행까지 전 과정을 대행 업체에 위탁하여 운영 관리하는 방식이다.
- 기업의 콜센터 운영 경험이 적거나 단기적으로 운영할 때 적합하다.

4. 콜센터의 성과 관리

(1) 상담 통화 모니터링

모니터링이란 고객과 상담사가 통화하는 내용을 듣고 부족하거나 개선되어야 할 점에 대해서는 코칭이 이루어져 통화품질을 높이기 위한 목적으로 활용되는 방법이다.

① 모니터링의 핵심 성공요소
가. 모니터링에 대한 공감대 형성
나. 합리적 평가 지표 및 목표 설정
다. 객관적인 평가 실시
라. 코칭 및 사후 점검
② 모니터링 평가항목
가. 음성의 친절성
나. 업무의 정확성
다. 응대의 신속성
③ 인바운드 모니터링 평가 기준
가. 상품 지식 숙지도
나. 컴플레인 처리 능력
다. 끝맺음
④ 모니터링 평가 결과의 활용 분야
가. 통화 품질 측정
나. 개별 코칭
다. 보상과 인정
⑥ 모니터링의 목적
가. 통화 품질 관리 및 향상
나. 높은 서비스 제공으로 고객 확보와 이익 발생

다. 균일하고 표준화 된 통화 품질 유지

라. 텔레마케터 교육 및 능력 향상

마. 고객 서비스 문제점 및 개선사항 파악

⑦ 모니터링 방법

가. Mystery Call: 고객인척 가장하여 상담사에게 전화를 걸어 상담품질을 평가하는 방법

나. Slient Call : 상담통화 중 침묵한 채 상담내용을 실시간으로 듣고 바로 피드백을 주는 방법

다. Call Taping : 상담내용을 녹취 한 후 녹취 내용을 듣고 모니터링하는 방법

(2) 통화 생산성의 측정 지표

① 평균 응대 속도

② 평균 콜 처리 시간

③ 통화 후 처리 시간

(3) 아웃바운드형 콜센터의 성과분석 관리 지표

① 고객DB 소진율 : 총고객 DB 불출건수 대비 텔레마케팅으로 소진한 DB 건수가 차지하는 비율

② 1콜당 평균 전화비용 : 아웃바운드 텔레마케팅을 하였을 경우 1콜당 평균적으로 소요되는 전화비용의 정도

③ 총매출액 : 일정기간 동안 아웃바운드 텔레마케팅을 실행한 결과 발생하는 총매출액

④ 시산낭 판매량

⑤ 평균 판매가치

⑥ 시간당 접촉 횟수

⑦ 판매건당 비용 : 1건의 반응을 얻는데 소요되는 비용

⑧ 콜응답률 : 총발신수에 대한 반응 비율

⑨ 고객DB 사용 대비 고객획득률 : 총고객 DB 사용건수 대비 고객으로 획득한 비율

(4) 인바운드 성과 관리 지표

① 평균 통화 처리 시간

② 평균 통화 시간

③ 표준 작업일

④ 평균 통화 수

(5) 인바운드 콜센터의 인입콜 데이터 산정 기준

① 퍼펙트 콜 수를 기준으로 산정한다.

② 인입되는 모든 콜은 시간별, 요일별 특성을 감안하여 산정한다.

③ 상담원의 결근, 휴식, 식사, 개인적 부재 등의 부재성을 배제한 상태에서 산정된 데이터를 기준으로 한다.

④ 먼저 걸려온 전화가 먼저 처리되는 순서를 준수하여 보다 정밀하고 객관적으로 산정되도록 한다.

(6) 콜 예측을 위한 콜센터 지표

① 고객 콜 대기 시간

② 평균 통화 시간(초)

③ 평균 마무리 처리 시간(초)

④ 평균 통화 처리 시간

⑤ 평균 응대 속도

(7) 텔레마케팅 조직의 효과적인 성과 보상 방법

① 텔레마케터의 성과 지표는 조직의 성과 지표와 연계되어 있어야 한다.

② 텔레마케터의 성과 결과에 대한 정기적인 피드백이 필요하다.

③ 텔레마케터의 성과 보상은 공정하게 이루어져야 한다.

④ 텔레마케터의 성과 지표는 정성적, 정량적인 지표 모두 활용되어야 한다.

5. 콜센터의 SMART 성과 목표 설정

① Specific – 최대한 구체적이어야 한다.

② Measurable – 측정할 수 있어야 한다.

③ Attainable – 달성 가능한 지표여야 한다.

④ Result – 전략과제를 통해 구체적으로 달성하는 결과물이 있어야 한다.

⑤ Time-bound – 일정한 시간 내에 달성 여부를 확인할 수 있어야 한다.

6. 코칭(Coaching)

Coaching 이란 어원 그대로 QAA나 관리자가 상담사의 통화 품질 향상과 성과 향상을 위해 필요한 사항들을 개별적으로 지도·교육·훈련하는 활동을 말한다.

02. 조직 관리하기

1. 리더십의 특성이론

(1) 리더십의 특성이론 개념

① 가장 오래된 리더십 연구 이론으로 1930년~1950년대까지 리더십 연구의 주류를 이루었던 이론이다.

② 리더라면 가지고 있어야 할 중요한 특성들이 있는데 특성들만 가지고 있으면 어느 환경이나 상황에서도 항상 리더가 될 수 있다고 주장한다.

③ 일반적으로 연령이나 신장, 체중, 용모 등의 신체적인 특성, 지식 수준이나 결단력, 지식 수준 등의 지능, 능동적이고 독립적인 성격과 감성, 책임감이나 통솔력 등의 관리 능력을 리더의 중요 특성으로는 꼽는다.

(2) 리더십 특성이론의 한계

① 리더십을 단순히 리더의 개인적인 특성으로 치부하다 보니 해당 조직원들의 특성 등의 상황적인 요인들을 모두 배제시킨 것은 이해하기 힘들다는 한계가 있다.

② 리더의 특성을 갖추었는지 확인하기 위한 개별적인 특성 파악뿐 아니라 결과 해석 단계에서도 문제가 발생할 수 있고, 리더십 발휘간 상관관계에 대한 증거를 밝히지

못하는 한계가 있다.

2. 리더십의 행동이론

(1) 리더십 행동이론의 개념

① 러더십의 특성이론이 리더가 될 수 있는 특성들을 다룬 이념이라면 리더십의 행동이론은 리더는 어떻게 행동하는가에 대한 효율성을 연구한 이론이라고 할 수 있다.

② 리더십 스타일을 찾아내어 각각에 대한 유효성을 검증하며, 리더가 무슨 일을 하는지가 리더십 과정에서 가장 중요한 전제이다.

(2) 리더십 행동이론의 한계

① 리더십의 행동유형을 측정, 분류하는 데 타당하고 신뢰성있는 방법이 없다.

② 리더십 과정에서 발생하는 여러 상황적인 변수들에 대해서는 제외되고 있다.

3. 리더십의 상황이론

(1) 리더십 상황이론의 개념

① 상황이 리더를 만들어 준다고 주장하며, 리더십의 유효성을 상황과 연결시키는 이론이다.

② 리더가 만들어지는 중요 상황은 리더의 행동적 특성과 부하의 행동적 특성, 과업과 집단 구조, 조직체 요소 등 크게 4가지로 나뉜다.

(2) 리더십 상황이론의 특징

① 이론적으로 설명은 충실하지만 실제 현장에서 조직원들 각각에 대응하기 쉽지 않다는 한계가 있다.

② 리더십 상황이론의 발전으로 리더십 연구 분야가 더욱 풍성해지고 보다 유연한 이론 개발에 기여했다.

(3) 리더십 상황이론

① 피들러의 상황 적합 리더십

　가. 기존의 리더십 연구들이 리더의 개인적인 특성이나 행동에 중점을 두었다면, 피

들러의 이론은 상황과 팔로어에 대한 이해가 요구된다는 특징이 있다.

나. 상황에 따라 요구되는 리더의 특성과 행동은 달라지며, 어떤 상황에서 어떤 리더의 행동이 더욱 효과적인지 규명하고자 연구하였다.

다. 리더가 고려해야 할 상황을 리더와 부하의 관계, 과업 구조, 리더의 직위 권한으로 나누었고 또한 리더나 구성원의 특성, 과업과 집단의 특성 등 일반적인 상황 변수들도 고려해야 한다고 주장하였다.

② 허쉬와 블랜차드의 상황적 리더십

가. 리더십의 행동 유형은 팔로어의 성숙도에 맞추어야 한다고 주장, 부하직원의 특성을 가장 중요하게 고려해야 한다는 이론이다.

나. 리더의 행동을 과업, 관계 행동의 2자 축으로 분류하고 상황요인을 추가하여 리더십의 스타일을 보여준다.

③ 하우스의 경로-목표 이론

가. 리더는 부하직원들에게 높은 목표를 세우게 하고, 자신감을 가지고 수행하도록 도우며, 원하는 보상을 받을 수 있는 방법에 대해 명확히 해줘야 한다고 주장한다.

나. 리더의 행동과 부하직원의 만족도 및 업무 성과 사이의 상관관계에 대한 연구가 출발점이었으며, 부하의 특성과 과업의 특성이라는 상황요인에 따라 달라진다고 나타났다.

다. 연구결과를 토대로 지시적 리더십, 후원적 리더십, 참여적 리더십, 성취지향적 리더십 4가지 유형의 리더십 행동들이 구성원들의 행동에 미치는 과정을 설명하였다.

4. 리더십의 유형

(1) 거래적 리더십

전통적인 리더십 효과성에 관해서는 주로 거래적 리더십에 초점이 맞추어져 있으며, 거래적 리더십은 부하직원의 노력에 대한 대가로 보상을 제공하는 것과 같은 교환과정을 기반으로 하고 있다.

(2) 변혁적 리더십(Transformational Leadership)

번즈(Burns)에 의해 처음 제시된 이론으로 기존의 리더십 이론은 리더와 부하직원과의 거래적 리더십에 치중되어 있어서 동기 유발이나 목표 달성을 위한 의지를 높이기에는 무리가 있다고 주장하며, 변혁적 리더십의 필요성을 강조했다.

(3) 서번트 리더십

기본적으로 인간존중이라는 가치를 바탕으로 둔 리더십 이론으로 구성원들의 잠재력을 발휘할 수 있도록 도와주며, 구성원들이 공동의 목표를 이루어 나갈 수 있도록 환경을 조성해주는 리더십이다.

(4) 슈퍼 리더십

리더는 구성원들을 셀프리더로 성장할 수 있도록 스스로 판단하고 행동하도록 하고, 결과도 책임질 수 있도록 만드는 리더십을 말하며, 부하직원 스스로 자율경영이 가능하도록 성장시켜 궁극적으로는 관리가 필요없는 수준으로까지 조직의 힘을 키우는 것이 목적이다.

5. 콜센터의 조직과 리더

(1) 콜센터 조직의 특성

① 국내 콜센터 조직은 점차 대형화, 전문화, 시스템화 되어 가는 추세이다.
② 정규직과 비정규직 간, 상담사 간에 보이지 않는 커뮤니케이션 장벽 등이 발생할 확률이 높다.
③ 현재 비정규직, 계약직 중심의 근무 형태가 주종을 이루고 있고 타직종에 비해 이직률이 높은 편이다.
④ 콜센터 조직의 가장 큰 특징은 다른 어떤 조직보다 전문화된 인력이 필요하다는 것이다.

(2) 콜센터의 조직구조 설계 시 고려사항

① 상담사 교육과 상담품질 관리를 전담으로 하는 전문인력을 보유해야 한다.
② 관리자는 성과지표 관리를 위한 인력 운영계획을 수립하고 관리해야 한다.
③ 슈퍼바이저는 10~20명 정도의 상담사를 관리, 담당하도록 한다.

(3) 콜센터의 성공한 관리자 속성

① 기업의 목적과 콜센터의 목적을 일치시킨다.
② 콜센터의 관리는 내·외부의 측정요소에 대한 즉각적인 접근을 필요로 한다는 것을 이해한다.
③ 서비스의 양만이 아닌 서비스의 질도 강조한다.

(4) 콜센터 리더의 자질

① 장기적인 비전을 제시할 수 있어야 한다.
② 위험을 회피하기보다 감수할 수 있는 태도를 가져야 한다.
③ 창조적인 도전을 중시해야 한다.
④ 일과 사람 모두를 중요시하는 가치를 가져야 한다.
⑤ 직원 교육 훈련 능력 및 마케팅 전략 수립 능력을 갖추어야 한다.
⑥ 끊임없는 자기 개발 및 원만한 인간관계를 갖도록 노력해야 한다.
⑦ 해당 업무에 대한 지식과 변화에 따른 유연한 사고 방식을 취할 수 있어야 한다.

(5) 콜센터 리더십의 유형

① 지원형 리더십
직원에게 우호적이며 배려적인 리더십을 발휘하는 성향의 리더로 직원의 복지, 지위, 근로조건 및 근무환경 개선 등에 기대나 관심을 가져주는 리더이다.
② 경험적 리더십
콜센터의 현장 경험은 곧 전문성과 연결된다. 콜센터의 조직뿐 아니라 업무 등에 있어서 풍부한 경험으로 부하직원들에게 살아있는 정보와 지혜를 제공해주며 전문 지식과 기술적 지식을 제공해주는 리더의 유형이다.
③ 학습적 리더십
계속해서 변화하고 있는 시장, 고객, 상담사들에 대한 학습을 꾸준히 하며 부하직원들에게 전문 지식을 계속해서 제공해주고 그로 인해 변화를 이끌어내는 유형의 리더이다.
④ 코칭적 리더십
리더는 코치가 되어 부하직원을 코칭하게 되는데, 이를 통해 동기부여를 받을 수 있도록 직접적으로 대하며 격려와 열정을 불어넣어 주는 리더의 유형이다.

1. 고객과 상담원의 통화내용을 모니터링하는 궁극적인 목적을 쓰시오.

> **정답**
> ① 통화품질 관리 및 향상
> ② 높은 서비스 제공으로 고객 확보와 이익 발생
> ③ 균일하고 표준화된 통화품질 유지
> ④ 텔레마케터 교육 및 능력 향상
> ⑤ 고객 서비스 문제점 및 개선사항 파악

2. 안정적인 서비스 수요의 확보 방법 3가지를 쓰시오.

> **정답**
> ① 비수기 수요 확충 방안 마련
> ② 예약 판매로 서비스 수요를 예측 및 확보
> ③ 공용의 서비스 시설 확보

3. 효과적인 성과관리를 위해 목표를 설정할 때 고려해야 할 사항 3가지를 적으시오.

정답
① 최대한 구체적이어야 한다.
② 측정할 수 있어야 한다.
③ 달성 가능한 지표여야 한다.
④ 전략 과제를 통해 구체적으로 달성하는 결과물이 있어야 한다.
⑤ 일정한 시간 내에 달성 여부를 확인할 수 있어야 한다.

4. 콜센터 성과관리의 서비스 지표를 측정하는 콜 중에서 콜센터에 통화 시도된 콜로 분류되며 고객이 전화를 했으나 콜센터 교환기까지 도달되지 못한 콜의 비율을 의미하는 용어를 쓰시오.

정답 불통률(Blockage Rate)

5. 고객 서비스에 대한 콜센터 평가인 SERVQUAL의 5개 차원 "RATER" 요소 중 ( ) 안에 들어갈 용어를 쓰시오.

> R : (①) A : 안도감, 확신성 T : 유형성, 구상성, E : 공감성, R : (②)

정답 | ① 응답성 ② 신뢰성

6. 다음은 콜 예측을 통한 스케줄링 프로세스이다. 빈칸에 들어갈 말을 쓰시오.

> 목표 서비스레벨 설정→ 데이터 수집→(①)→ 기대인력 산출→ 회선 산출
> →(②)→ 실행 및 결과 추적→ 차이점 탐구 및 모델 수정

정답 | ① 콜로드 예측
② 필요한 기본인력 산정 및 스케줄 계획

7. 다음은 콜 예측 요인 중 하나를 설명한 것이다. 어떤 요인인지 쓰시오.

> 업무의 특성에 따라 특성 월에 반복적으로 콜량의 변화가 있을 때 이것을 예측하기 위한 콜 예측 요인

정답 | 계절요인(Seasonal 요인)

8. 콜센터의 조직관리 방법 중 재택근무가 있다. 텔레마케팅 상담원의 재택근무 시 장점을 2가지 쓰시오.

정답
① 우수직원을 유인하고 유지할 수 있다.
② 기상악화 등으로 인한 위험 요소를 감소시킨다.
③ 설비 비용을 절약할 수 있다.
④ 출퇴근에 소요되는 시간 및 비용절약이 가능하다.
⑤ 출퇴근에 대한 부담해소가 가능하다.
⑥ 시간관리 조절이 가능하다.

9. 콜센터 인력 산정 시 고려해야 하는 결손율에 포함되는 2가지를 쓰시오.

정답 이직률, 스케줄 준수율

10. 콜센터에서 행하는 콜 모니터링의 방법 4가지를 쓰시오.

정답
① Call taping
② Silent monitoring
③ Side by side monitoring
④ Peer monitoring
⑤ Mystery monitoring

텔레마케팅관리사
- 실기 -

기출예상문제
1회~3회

최근 출제된 기출 내용을 토대로 기출 예상 문제를 구성하였습니다.

필답형 1회 기출예상문제

1. 소비자의 행동을 분석할 수 있는 분석 도구 중 하나인 AIO의 각 글자가 무엇을 뜻하는지 쓰시오.

정답
A(Action) : 소비자의 활동과 행동을 의미
I(Interest) : 소비자가 특별히 관심을 부여하는 대상이나 분야
O(Opinion) : 어떤 상황 및 자극에서 소비자가 제공하는 응답 및 가치

2. CRM의 발전단계를 아래와 같이 3단계로 나눈다고 했을 때 CRM 시스템을 구축, 기업 전략을 중심으로 관리하는 단계는 어느 단계인가?

CRM 도입준비, CRM 확산, CRM 통합

정답 CRM 확산

3. 콜센터에서 스크립트가 중요한 이유를 5가지 쓰시오.

정답
① 상담원의 상담 성과를 크게 향상시킬 수 있다.
② 상황별 꼼꼼한 스크립트는 예기치 못한 고객의 반응에 침착하고 여유있는 상담을 진행할 수 있다.
③ 고객은 표준화된 정보 및 통일된 서비스를 제공받을 수 있다.
④ 전화의 목적을 분명히 하고, 중도 거부를 방지하며, 일관성 있는 상담이 가능하다.
⑤ 콜센터의 시간관리 및 생산관리에 도움을 준다.

4. 제품이나 서비스 제공 과정에서 다른 제품이나 서비스에 대해 판매를 촉진하는 마케팅 기법으로 추가 구매를 유도하는 판매 방법은 무엇인가?

정답
교차판매(Cross-selling)

5. 코딩(Coding)의 정의를 쓰시오.

정답
항목별로 각 응답에 해당하는 숫자나 기호를 부여하는 과정을 뜻하며, 전산처리에 의한 분석을 편리하도록 하는 것이다.

6. 유통경로의 유형을 설계할 때, 3가지 경로로 나뉘는 시장 커버리지를 모두 작성하시오.

정답 | 집약적(개방적) 유통경로, 선택적 유통경로, 전속적 유통경로

7. 기업에서 재포지셔닝이 필요한 상황 5가지를 쓰시오.

정답 |
① 이상적인 위치를 달성하고자 했으나 실패한 경우
② 시장에서 바람직하지 않은 위치를 가지고 있는 경우
③ 기존 포지션이 진부해져 매력이 상실되었을 때
④ 새로운 시장 및 기회를 발견하게 되었을 경우
⑤ 포지션이 잘못되었다고 판단되는 경우

8. 다음은 아웃바운드 상담내용이다. 빈 칸(①,②)에 상담흐름에 적합한 스크립트 내용을 기술하시오.

　○○○홈쇼핑에서 사슴녹용을 현금 주문한 후 입금을 하지 않은 고객을 대상으로 아웃바운드 텔레마케팅을 하는 상황임.
1) 사슴녹용 현금 주문 고객을 대상으로 입금유도 아웃바운드 스트립트
2) 사슴녹용(가격 89,000원)
　- 주문한지 3일이 지났는데 아직 입금이 안 되었음
　- 혹시 입금이 되었는데 확인이 안 되었을 수도 있음
　- 인기 상품으로 오늘까지 입금이 안 되면 자동 취소처리가 됨
　- 효능이 좋은 데 비해 가격이 저렴하게 나온 특별 제품임

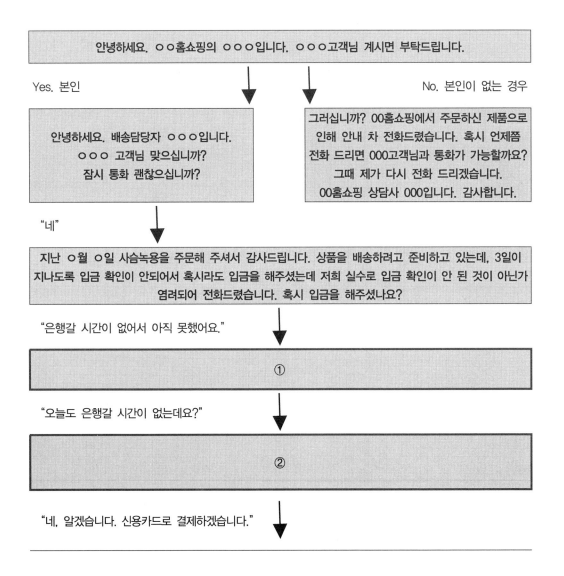

안녕하세요. ○○홈쇼핑의 ○○○입니다. ○○○고객님 계시면 부탁드립니다.

Yes. 본인　　　　　　　　　　　　　　　　　　　　　No. 본인이 없는 경우

안녕하세요. 배송담당자 ○○○입니다.
○○○ 고객님 맞으십니까?
잠시 통화 괜찮으십니까?

그러십니까? 00홈쇼핑에서 주문하신 제품으로 인해 안내 차 전화드렸습니다. 혹시 언제쯤 전화 드리면 000고객님과 통화가 가능할까요? 그때 제가 다시 전화 드리겠습니다.
00홈쇼핑 상담사 000입니다. 감사합니다.

"네"

지난 ○월 ○일 사슴녹용을 주문해 주셔서 감사드립니다. 상품을 배송하려고 준비하고 있는데, 3일이 지나도록 입금 확인이 안되어서 혹시라도 입금을 해주셨는데 저희 실수로 입금 확인이 안 된 것이 아닌가 염려되어 전화드렸습니다. 혹시 입금을 해주셨나요?

"은행갈 시간이 없어서 아직 못했어요."

①

"오늘도 은행갈 시간이 없는데요?"

②

"네, 알겠습니다. 신용카드로 결제하겠습니다."

> 신용카드로 입금 처리가 잘 되었습니다. 가능한 빨리 받으실 수 있도록
> 처리해 드리겠습니다. 더 궁금한 점이 없으신가요?
> 저는 상담원 ○○○입니다. 복용 잘 하셔서 건강하세요. 감사합니다.

정답

① 아, 그러셨군요. 주문하신 상품이 워낙 인기가 많은 상품이라 오늘까지 입금이 안되면 자동 취소 처리가 됩니다. 바쁘시더라도 오늘까지 입금이 완료되어야 빠르게 받아보실 수 있는데 오늘 입금이 가능하십니까?

② 많이 바쁘시군요. 높은 효능에 비해 가격이 저렴하게 나온 특별제품이라 오늘까지 결제하실 수 있도록 도와드리고 싶은데요. 현재 입금이 어려우신 상황으로 고객님의 신용카드가 있다면 카드로 결제 도와드려도 괜찮을까요?

9. 고객이 자동차를 구입하려고 한다. 다음 중 보완적 방식으로 평가할 때 최종 선택할 자동차는 무엇인지 계산하는 과정과 답을 모두 쓰시오.

구분	속성(가중치)			
	가격(40%)	연비(30%)	사후관리(20%)	옵션(10%)
A 자동차	6	7	9	8
B 자동차	9	6	8	9
C 자동차	6	8	7	7
D 자동차	7	6	10	7

정답 최종 선택 차종: B 자동차
〈계산 과정〉
A 자동차: $(40 * 6) + (30 * 7) + (20 * 9) + (10 * 8) = 710$
B 자동차: $(40 * 9) + (30 * 6) + (20 * 8) + (10 * 9) = 790$
C 자동차: $(40 * 6) + (30 * 8) + (20 * 7) + (10 * 7) = 690$
D 자동차: $(40 * 7) + (30 * 6) + (20 * 10) + (10 * 7) = 730$

10. 자유응답형 질문의 장단점을 2가지씩 쓰시오.

정답 ① 장점 : 고객으로 하여금 적극적인 참여를 유도할 수 있다. 고객의 생각과 느낌을 명확하게 이해할 수 있다. 고객의 다양한 의견을 들을 수 있다.
② 단점 : 응답 시간이 길어질 수 있다. 정량적 수치로 조사를 분석 및 해석하기 어렵다. 응답자가 너무 간단히 답하거나 성의없이 답할 수 있다.

11. 마케팅믹스의 요소 4가지를 쓰시오.

정답 | Product(상품), Place(유통), Price(가격), Promotion(촉진)

12. 고객의 유형에 대한 정의를 내리시오.

- 잠재고객 :

- 신규고객 :

- 단골고객 :

- 핵심고객 :

- 이탈고객 :

정답
- 잠재고객 : 기업의 제품을 구매하지 않은 사람들 중에서 구매 잠재력을 가진 고객
- 신규고객 : 기업과 처음으로 거래를 하는 고객
- 단골고객 : 습관적으로 구매를 하는 고객이지만 타인 추천이나 충성도는 없는 고객
- 핵심고객 : 기업과 지속적인 관계를 맺으며 안정적인 구매는 물론, 적극적으로 주변인들에게 홍보를 해주는 고객
- 이탈고객 : 기업과 거래를 하다가 경쟁사 등으로 전환한 고객

13. 축적된 고객 관련 데이터에 숨겨진 규칙이나 패턴을 찾아내는 데이터분석 기법은 무엇인 지 쓰시오.

정답 | 데이터마이닝

14. 다음은 인바운드 상담내용이다. 빈 칸(①,②)에 상담흐름에 적합한 스크립트 내용을 기술하시오.

○○○홈쇼핑 회사에서 판매하는 스팀청소기를 구입하기 위해 방송을 보고 고객이 주문전화를 하여 상담사가 상담을 통해 주문을 유도하는 상황임.
1) 스팀청소기 문의 고객을 상담하여 주문을 받는 인바운드 스크립트
2) 스팀청소기의 장점(가격 98,000원/신용카드 결제 시 무이자 3개월)
　- 타사 스팀청소기와 다르게 바퀴가 있어 편리함
　- 스팀 분사가 잘 되어 찌든 때도 손쉽게 지워짐
　- 청소 도중에 물이 소진되면 자동경고램프로 보충시기를 알려주어 안전함
　- 가정에서 사용하는 일반걸레도 사용 가능하며 경제적 부담을 줄임
3) 주문결제 시 현금 고객을 신용카드 결제로 유도하도록 함
4) 3일 이내에 등록된 자택 주소지로 도착됨

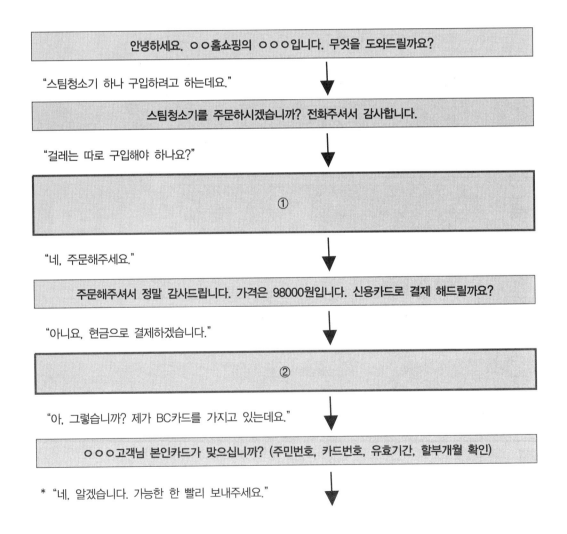

안녕하세요. ○○홈쇼핑의 ○○○입니다. 무엇을 도와드릴까요?

"스팀청소기 하나 구입하려고 하는데요."

스팀청소기를 주문하시겠습니까? 전화주셔서 감사합니다.

"걸레는 따로 구입해야 하나요?"

①

"네, 주문해주세요."

주문해주셔서 정말 감사드립니다. 가격은 98000원입니다. 신용카드로 결제 해드릴까요?

"아니요, 현금으로 결제하겠습니다."

②

"아, 그렇습니까? 제가 BC카드를 가지고 있는데요."

○○○고객님 본인카드가 맞으십니까? (주민번호, 카드번호, 유효기간, 할부개월 확인)

* "네, 알겠습니다. 가능한 한 빨리 보내주세요."

네, 알겠습니다. 스팀청소기 3일 이내에 등록되어 있는 고객님 댁으로 안전하게 배송해드리겠습니다. 다시 한 번 구매해주셔서 정말 감사드립니다. ○○홈쇼핑 상담사 ○○○였습니다. 좋은 하루 보내세요.

정답
① 문의하신 청소기는 가정에서 사용하는 일반 컬레로도 사용이 가능하기 때문에 경제적으로도 부담이 없고요, 스팀분사가 잘 되어 찌든때도 손쉽게 지워집니다. 게다가 청소 도중에 물이 소진되면 자동경고램프로 보충시기를 알려주기 때문에 안전합니다. 청소기 바로 주문해 드릴까요?
② 현금으로도 결제 가능하지만 현재 신용카드로 결제하실 경우 무이자 3개월이 가능한데 카드로 결제하시는 건 어떠십니까?

15. 고객으로부터 얻은 정보로 관계를 유치, 유지, 개선시킴으로써 고객만족도는 물론, 고객충성도를 향상시킬 수 있는 활동을 무엇이라고 하는가?

정답 CRM(고객관계관리)

16. 설문조사에서 활용하는 질문의 유형을 3개 작성하시오.

정답 척도형 질문, 양자택일형, 다지선다형 등

17. 제품의 수명주기 단계 중 성장기의 특징과 적합한 마케팅 전략을 2가지씩 쓰시오.

정답 ① 성장기의 특징 : 제품이 시장에 수용되어 정착되는 단계이며, 실질적인 이익이 창출되는 단계이다. 도입기에서 성장기에 들어서면 제품의 판매량은 빠르게 증가한다.
② 마케팅 전략 : 시장점유율 확대를 목표로 마케팅 전략을 세우고, 제품라인 확대를 고려하는 것도 좋다. 또한 유통망 확충을 견고히 하는 것이 좋다.

18. 2차 자료의 정의와 해당하는 자료 종류 3가지를 함께 쓰시오.

정답 2차 자료란 기업의 시장조사 목적이 아닌 다른 조사를 목적으로 이미 수집된 자료를 뜻하며 신문, 잡지, 정부 통계 자료, 신디케이트 자료 등이 있다.

19. 고객생애가치(LTV)를 평가할 때 영향을 끼치는 요인 4가지를 작성하시오.

정답 고객 반응률, 고객 신뢰도, 고객 기여도, 고객 성장성

20. 결정적 순간이라는 뜻으로 고객이 직원들과 접하는 처음 15초 동안의 짧은 순간에 회사의 이미지 나아가 사업의 성공을 좌우한다는 개념을 의미하는 것은 무엇인지 쓰시오.

정답 MOT(MOMENTS OF TRUTH)

필답형

2회 기출예상문제

1. CRM의 도입으로 변화된 마케팅의 개념이다. 다음 빈 칸에 들어갈 말은 무엇인가?

거래적 마케팅 → (   ) 마케팅

정답 | 관계적

2. 아래는 유통의 원칙 중 무엇에 관한 설명인지 쓰시오.

유통경로에 도매상이 개입되면 소매상의 대량 보관기능을 분담한다는 개념으로 상품의 보관 총량은 감소시키면서도, 소매상은 최소량만을 보관하게 되어 재고 부담을 줄이게 된다.

정답 | 집중준비 원칙

3. 고객이 직원과 접촉하지 않더라도 기업의 이미지나 인식을 결정하는 순간이 있다. 이러한 상황을 5가지 찾아 쓰시오.

정답
① TV를 통해 기업의 광고를 볼 때
② 기업의 우편물 및 카탈로그를 받았을 때
③ 구매 후 배송 등으로 상품을 받을 때
④ 기업에서 보낸 할인 행사 문자를 받았을 때
⑤ 고객이 회사 로비에 들어섰을 때

4. 포지셔닝 전략 유형 3가지와 그에 따른 특징을 쓰시오.

정답
① 속성에 의한 포지셔닝 : 제품의 속성을 바탕으로 포지셔닝하는 방법으로 가장 많이 사용되기도 한다.
② 이미지 포지셔닝 : 제품의 실제적인 특성보다는 추상적인 이미지 등의 편익을 강조하는 방법이다.
③ 사용상황이나 목적에 의한 포지셔닝 : 제품이 유용하게 사용될 상황을 묘사하며 포지셔닝하는 방법이다.
④ 제품 사용자에 의한 포지셔닝 : 특정 제품을 주로 사용하는 주 사용자, 사용계층을 이용하여 포지셔닝한다.
⑤ 경쟁제품에 의한 포지셔닝 : 이미 소비자들에게 인식되어 있는 경쟁제품과 명시적으로 혹은 묵시적으로 비교하면서 소비자에게 포지션하는 방법이다.

5. 적은 양을 자주 구입하는 제품으로, 구매 빈도가 높고 가격이 낮은 경우가 대부분이며 습관적으로 구매하기 쉬운 치약이나 비누, 물, 세제 등의 제품을 무엇이라고 하는가?

정답 | 편의품

6. 마케팅 믹스의 변수 중 가장 영향력 있는 변수는 무엇인가?

정답 | 가격(Price)

7. 비확률 표본추출방법의 종류 3가지를 쓰시오.

정답 | 할당 표본추출, 임의 표본추출, 주관 표본추출

8. (   ) 안에 알맞은 말을 쓰시오

> CRM은 시장점유율보다 (①   )에, 고객획득보다 (②   )에, 제품판매보다 (③   )에 중점을 둔다.

정답 | ① 고객점유율, ② 고객유지, ③ 고객관계

9. RFM이 무엇인지 쓰시오.

정답 | 빈도수와 최근성, 금액을 기준으로 고객가치를 분석, 측정하는 방법이다.
① R(Recency) : 고객이 얼마나 최근에 구입했는지, 구입한지 얼마나 흘렀는지 최근성에 대한 부분이다.
② F(Frequency) : 제품 또는 서비스를 얼마나 자주 구매하는지 구매 빈도에 관한 부분이다.
③ M(Moneytary) : 고객이 구매한 평균 금액이 얼마인지 구매 금액에 대한 부분이다.

10. 우량고객 혹은 가망고객을 추출해내는 작업을 뜻하며, 시장조사 시 무응답을 줄일 수 있는 방법으로 목적에 맞게 고객을 추출해 나가는 과정을 무엇이라고 하는가?

정답 | 리스트 스크리닝

11. 다음은 아웃바운드 상담내용이다. 빈 칸(①,②)에 상담흐름에 적합한 스크립트 내용을 기술하시오.

인터넷 통신사에 가입하고, 3년 약정이 끝난 고객에게 전화하여 혜택을 제공하면서 재가입을 유도하는 상담

1) 기존 약정 3년이 지난 우량고객들을 대상으로 3년 약정을 재계약하면 매월 통신비 2,000원 할인 제공 및 10만원 상당의 사은품을 제공한다.
2) 재가입 시 요금할인은 다음 달부터 적용되고 사은품은 다음주 안으로 등록된 자택주소로 배송해준다.
3) 통화한 당일 재가입 할 경우 추가로 홈닥터 서비스를 제공해주어 연 2회 집에서 사용하는 컴퓨터 관리 쿠폰을 제공해준다.

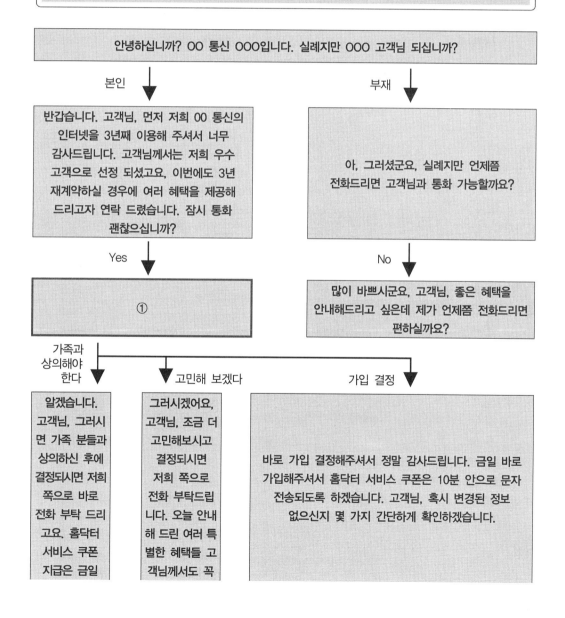

안으로 재가입해주셔야 가능하니 꼭 참고 부탁드리겠습니다.	이용하실 수 있기를 바라겠습니다.	

②

정답

① 감사합니다. 고객님께서 3년 약정으로 다시 가입을 해주신다면 지금 사용하시는 금액보다 매월 통신비 2,000원을 할인해 드리고요, 추가로 10만원 상당의 사은품을 제공해 드리고 있습니다. 게다가 오늘 바로 재가입하실 경우 홈닥터 서비스 쿠폰을 제공해드려서 댁에서 사용하시는 컴퓨터를 연2회 관리도 받으실 수 있습니다. 혜택이 아주 좋은데 지금 바로 재가입하시는 것이 어떠신가요?

② 저희 OO통신사 믿고 재가입해주셔서 정말 감사드립니다. 3년 재가입 완료되었고요, 요금할인은 다음 달부터 적용되며, 사은품은 다음주 안으로 등록되어 있는 자택 주소지로 발송해드리겠습니다. OO통신사 OOO였습니다. 좋은 하루 보내세요. 감사합니다.

12. 고객생애가치(LTV)에 영향을 미치는 요인 4가지를 쓰시오.

정답 | 고객반응률, 고객신뢰도, 고객기여도, 고객성장성

13. 고객의 범주는 매우 다양하다. 기업의 내부와 외부에 있는 고객을 나눈다고 했을 때 해당되는 사람들을 쓰시오.

내부 고객 :

외부 고객 :

정답

① 내부 고객 : 회사 내부의 종업원, 주주 등 기업 내부의 사람이다.
② 외부 고객 : 잠재고객, 단골고객, 소비자 등 구매 여부에 상관없이 기업의 외부에 있는 고객을 말한다.

14. 콜센터의 성과 관리에 활용되는 SMART가 의미하는 5가지 요소에 대해 쓰시오.

정답

① Specific : 최대한 구체적이어야 한다.
② Measurable : 측정할 수 있어야 한다.
③ Attainable : 달성 가능한 지표여야 한다.
④ Result : 전략 과제를 통해 구체적으로 달성하는 결과물이 있어야 한다.
⑤ Time-bound : 일정한 시간 내에 달성 여부를 확인할 수 있어야 한다.

15. 다음은 아웃바운드 상담내용이다. 빈 칸(①,②)에 상담흐름에 적합한 스크립트 내용을 기술하시오.

지난 주에 자동차 영업소에 방문하여 시승을 한 고객들에게 전화를 걸어 만족도 평가와 구매 선호도를 조사하는 상담
1) 고객의 자동차 구입 계획을 물으며 나올 수 있는 여러 답변에 대해 스크립트를 작성한다.
2) 다른 자동차나 추가 시승이 필요할 경우 추가 예약을 해준다.
 - 추가 문의사항이 있을 경우, 담당자를 통해 전화할 수 있도록 전달 가능하다.

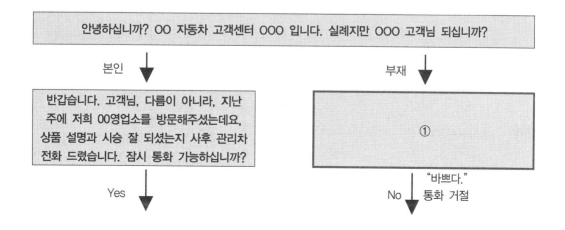

안녕하십니까? OO 자동차 고객센터 OOO 입니다. 실례지만 OOO 고객님 되십니까?

본인

반갑습니다. 고객님, 다름이 아니라, 지난 주에 저희 OO영업소를 방문해주셨는데요, 상품 설명과 시승 잘 되셨는지 사후 관리차 전화 드렸습니다. 잠시 통화 가능하십니까?

Yes

부재

①

"바쁘다."
No 통화 거절

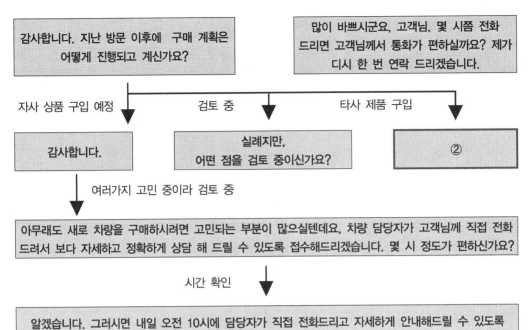

| 감사합니다. 지난 방문 이후에 구매 계획은 어떻게 진행되고 계신가요? | 많이 바쁘시군요, 고객님, 몇 시쯤 전화 드리면 고객님께서 통화가 편하실까요? 제가 디시 한 번 연락 드리겠습니다. |

자사 상품 구입 예정   검토 중   타사 제품 구입

| 감사합니다. | 실례지만, 어떤 점을 검토 중이신가요? | ② |

여러가지 고민 중이라 검토 중

아무래도 새로 차량을 구매하시려면 고민되는 부분이 많으실텐데요, 차량 담당자가 고객님께 직접 전화 드려서 보다 자세하고 정확하게 상담 해 드릴 수 있도록 접수해드리겠습니다. 몇 시 정도가 편하신가요?

시간 확인

알겠습니다. 그러시면 내일 오전 10시에 담당자가 직접 전화드리고 자세하게 안내해드릴 수 있도록 접수해 드리겠습니다.
감사합니다. 좋은 하루 보내세요. OO 자동차 고객센터 OOO 였습니다.

정답
① 아, 그러시군요, 알겠습니다. OOO고객님께 사후 관리차 전화드리겠습니다. 실례지만, 제가 몇 시쯤 전화드리면 OOO고객님과 통화할 수 있을까요? 그 때 다시 전화 드리겠습니다. OO자동차의 OO입니다. 감사합니다.
② 아, 그러셨군요, 알겠습니다. 새로 구입하신 차량으로 늘 안전 운행하시고요, 혹시라도 저희 차량에 대해 문의 있으시거나, 추후 차량 구매 계획이 있으실 때 저희 고객센터로 전화해주시면 언제든지 도움 드리겠습니다.

16. 양자택일형, 척도형 질문, 다지선다형 질문의 유형으로 질문에 대한 답이 표준화되어 있기 때문에 비교가 가능한 질문의 형태를 무엇이라고 하는가?

정답 | 패쇄형 질문

17. 다음 질문 문항의 문제점을 쓰시오.

> 이번에 자사에서 출시된 신상품의 색상과 디자인이 새롭습니까?
> (1) 예   (2) 아니오

정답 한 문항에는 2가지 이상의 질문을 할 수 없다. 본 질문은 색상과 디자인을 한꺼번에 묻고 있어 제대로 된 조사를 진행하기 어렵다.

18. 침투 가격이 유리한 경우 2가지를 쓰시오.

정답 ① 경쟁사가 많을 경우
② 수요의 가격탄력성이 클 경우
③ 대량 생산으로 생산비용이 절감될 수 있는 경우

19. 본조사를 진행하기 전에 시행되는 조사의 순서를 바르게 작성하시오.

> (①)→(②)→본조사

정답 ① 예비조사
② 사전조사

20. 다음은 인바운드 상담내용이다. 빈 칸(①,②)에 상담흐름에 적합한 스크립트 내용을 기술하시오.

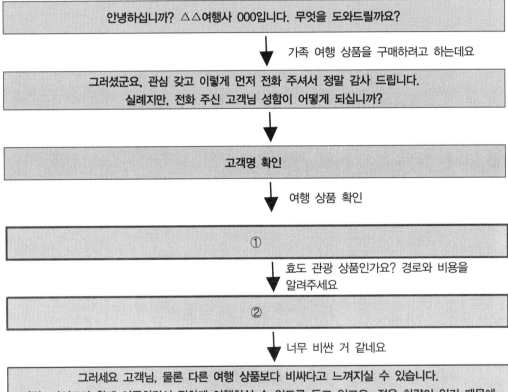

1박2일 가족 여행 상품에 대하여 전화를 한 고객과 상담을 통해 상품 확인 및 안내를 진행하는 상황임.
1) 고객이 원하는 여행 상품 확인 및 안내
2) 4인 가족 기준(가격 203,000원)
   - 전용 차량비, 숙박비, 4식 포함 가격
   - 가족 여행 코스 일정 : 서울 출발 → 구례 도착 → 광양 매화마을 청매실 농원 구경 → 지리산 온천 랜드 숙박 → 구례 산수유 마을 산수유꽃 축제 구경 → 서울 도착
   - 타 여행사와 다른 가격 안내(가이드가 있는 여행사가 더 비쌈)

안녕하십니까? △△여행사 000입니다. 무엇을 도와드릴까요?

↓ 가족 여행 상품을 구매하려고 하는데요

그러셨군요, 관심 갖고 이렇게 먼저 전화 주셔서 정말 감사 드립니다.
실례지만, 전화 주신 고객님 성함이 어떻게 되십니까?

↓

고객명 확인

↓ 여행 상품 확인

①

↓ 효도 관광 상품인가요? 경로와 비용을 알려주세요

②

↓ 너무 비싼 거 같네요

그러세요 고객님, 물론 다른 여행 상품보다 비싸다고 느껴지실 수 있습니다.
다만, 가이드가 함께 이동하면서 편하게 여행하실 수 있도록 돕고 있고요, 전용 차량이 있기 때문에 연세 있으신 부모님들께서도 만족스러운 여행이 되실 겁니다.

↓ 알겠어요. 가족과 상의 후 연락드릴게요

> 그러시군요, 고객님. 상의하신 후에 언제든지 전화주시면 여행 상품 구매 가능합니다.
> 다시 한 번 저의 △△여행사를 이용해 주시는 고객님께 감사드리고요.
> 앞으로 더욱 많은 관심과 사랑 부탁드립니다. 행복한 하루 보내시기 바랍니다.
> 지금까지 저는 △△여행사 상담사 OOO이었습니다. 감사합니다.

정답

① 가족 여행 상품으로 알아보고 계신다면 현재 1박2일로 전남 구례 마을과 지리산 온천을 경험하실 수 있는 상품을 추천해드리고 싶습니다. 지역은 어떠신가요, 고객님?

② 네. 어르신들도 함께 편하게 여행하실 수 있도록 구성되어 있습니다. 보다 자세하게 일정을 안내해드리면, 서울에서 출발하여 구례에 도착하고, 광양 매화마을에 있는 청매실 농원을 구경한 후에 지리산 온천랜드에서 숙박을 하게 됩니다. 그리고 다음날에는 구례 산수유 마을에서 산수유 꽃 축제를 구경한 후에 서울로 다시 올라오게 됩니다. 여행하시는 동안 저희 전용 차량으로 이동하시기 때문에 불편함 없이 편하게 이용하실 수 있고, 4인 가족 기준으로 차량비와 숙박비, 4식을 포함하여 가격은 203,000원입니다.

1. 다음은 아웃바운드 상담내용이다. 빈 칸(①,②)에 상담흐름에 적합한 스크립트 내용을 기술하시오.

수강 등록 후 5일간 전혀 사이트를 방문하지 않은 고객을 대상으로 한 아웃바운드 상황임.
1) 이용 활성화 프로모션 제공
 - 사이트에 로그인 시, 포인트가 누적되며 사은행사 시 사은품 증정
 - 누적된 포인트는 현금처럼 수강료의 일부(10% 이내) 지불 가능
2) 회원의 지속적인 이용 유도를 위한 할인 제공
 - 월 수강료 납부방법을 지로에서 자동이체로 전환 유도
 - 자동이체로 전환 시 수강료 5% 할인 제공

안녕하십니까? 00온라인 학습사이트를 이용해주셔서 감사합니다.
000고객님 맞으십니까? 잠시 통화 가능하신가요?

 통화 가능   통화 불가능

안녕하십니까, 고객님. 저희 000온라인 학습 사이트를 이용하시면서, 불편하신 점은 없으신지 여쭙고, 유용한 정보를 제공해 드리고자 연락 드렸습니다. 확인해보니 우리 고객님께서는 등록 이후 5인간 전혀 사이트를 방문하지 않으셨는데요, 불편하신 점이나 혹시라도 도움이 필요하신 건 아니신지요?	다음에 연락 드리겠습니다. 앞으로도 많은 이용 바랍니다. 상담사 000이었습니다. 감사합니다.

바빴어요

많이 바쁘셨군요, 저희 000온라인 학습 사이트에서는 고객님들께서 자주 사이트 방문하고 꾸준히 학습하실 수 있도록 로그인만 하셔도 포인트를 적립해 드리고 있습니다. 이 포인트는 계속해서 쌓아두셨다가 수강료의 10%이내의 일부를 현금처럼 사용하실 수 있고요, 사은행사 진행 시, 상품을 증정해 드리니까 앞으로도 지속적인 참여 부탁드립니다.

자동이체 가입 권유

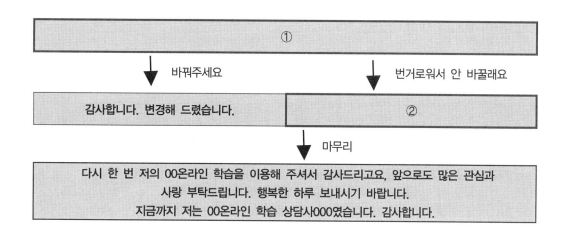

정답
① 고객님께서는 현재 수강료를 지로로 납부해주고 계신데요. 자동이체로 변경해드리는 건 어떠신가요? 매월 납부에 신경 쓰지 않으셔도 되고, 현재 자동이체로 변경하시는 고객님들께는 수강료의 5%를 할인해 드리고 있습니다.
② 아. 그러시군요. 알겠습니다. 그러시면 지로 납부로 이용하시다가 번거로우시거나 변경의사 있으실 때 언제든지 저희 고객센터로 전화 주시면 바로 도움 드리도록 하겠습니다.

2. 시장조사의 여러 조사법 중 전화조사법의 장점 5가지를 쓰시오.

정답
① 지역의 한계를 극복하고, 전국적으로 조사가 가능하다.
② 면접, 우편조사에 비해 비용이나 시간을 줄일 수 있고, 정보를 가장 빠르게 입수할 수 있어 여론조사에 많이 사용된다.
③ 모니터링이나 녹취 등으로 조사자 통제가 가능하며, 조사자에 의한 오류 발생을 줄일 수 있다.
④ 조사자가 질문을 이해하기 어려울 경우, 추가 설명이 가능하다.
⑤ 우편조사와 비교했을 때 응답률이 높고, 융통성이 높다.
⑥ 응답자는 무방문으로도 쉽게 조사에 응할 수 있어 편리성이 수반된다.
⑦ 직업군 조사에 용이하다

3. CRM의 특징 3가지를 쓰시오.

정답
① 관계지향적, 고객지향적이다.
② 고객과 쌍방향 커뮤니케이션을 한다.
③ 신규고객 획득보다 기존의 우수고객에게 초점을 맞춘다.
④ 데이터베이스 마케팅을 활용한다.
⑤ 마케팅 부서뿐 아니라 기업의 전사적인 관점이 필요하다.

4. 포지셔닝 전략 3가지 및 그 특징을 쓰시오.

정답
① 속성에 의한 포지셔닝 : 제품의 속성을 바탕으로 포지셔닝하는 방법으로 가장 많이 사용되기도 한다.
② 이미지 포지셔닝 : 제품의 실제적인 특성보다는 추상적인 이미지 등의 편익을 강조하는 방법이다.
③ 사용상황이나 목적에 의한 포지셔닝 : 제품이 유용하게 사용될 상황을 묘사하며 포지셔닝하는 방법이다.
④ 제품 사용자에 의한 포지셔닝 : 특정 제품을 주로 사용하는 주사용자, 사용계층을 이용하여 포지셔닝한다.
⑤ 경쟁제품에 의한 포지셔닝 : 이미 소비자들에게 인식되어 있는 경쟁제품과 명시적으로, 묵시적으로 비교하면서 소비자에게 포지션하는 방법이다.

5. STP 전략의 첫 단계에서 시장을 세분화할 때 요건에 해당하는 4가지를 작성하시오.

정답 내부적 동질성과 외부적 이질성, 실질적 규모, 측정 가능성, 접근 가능성, 실행 가능성

6. 80대 20 법칙에 대해 설명하시오.

정답 20%의 고객이 80%의 수익을 창출한다는 의미이다. 텔레마케팅을 통한 판매에서 염두에 두어야 할 원칙으로, CRM을 통해 기존의 우량고객과의 장기적인 관계를 형성해나가는 것이 중요하다는 것을 뒷받침해준다.

7. 포지셔닝의 수립 절차를 쓰시오.

정답 시장 분석(소비자 분석 및 경쟁자 확인)→경쟁 제품의 포지션 분석→자사 제품의 포지션 분석→포지션 개발 및 실행→포지셔닝의 확인 및 재포지셔닝

8. 초기에 규모의 경제효과를 통한 이득이 미미할 때, 높은 품질로 새로운 소비자층을 유인하고자 할 때 활용하는 가격정책은 (A), 초기에 시장점유율을 높이기 위해 저가격을 내세우는 전략을 (B)라고 한다. 각각 들어갈 말을 작성하시오.

(A)

(B)

정답 | (A) : 초기고가전략, (B) : 침투가격전략

9. 자료수집 방법 중 집단조사의 장단점을 2가지씩 쓰시오.

정답 | ① 장점 : 개인면접보다는 시간과 비용을 절감할 수 있고, 조사가 간편하다. 다수의 조사원이 필요하지 않아 조사원의 수가 줄어들어 비용이 절감되고, 한 명의 조사자가 집단을 대상을 전체적으로 설명해서 표준화시킬 수 있다는 장점이 있다.
② 단점 : 집단을 한 곳에 모이도록 하는 것이 어렵고, 집단 내에서 서로에게 영향을 주고받을 수 있다. 설문지에 응답이 잘못되었을 경우에는 재조사하기 어렵다.

10. 개방형 질문의 장단점을 2가지씩 쓰시오.

정답
① 장점 : 고객으로 하여금 적극적인 참여를 유도할 수 있다. 고객의 생각과 느낌을 명확하게 이해할 수 있다. 고객의 다양한 의견을 들을 수 있다.
② 단점 : 응답 시간이 길어질 수 있다. 정량적 수치로 조사를 분석 및 해석하기 어렵다. 응답자가 너무 간단히 답하거나 성의없이 답할 수 있다.

11. 내부 마케팅과 상호작용 마케팅에 대해 쓰시오.

정답
– 내부 마케팅은 종업원들을 대상으로 펼치는 활동을 말하며, 서비스 및 교육 등이 포함된다. 또한 동기를 부여하며 직무 만족도도 향상된다.
– 상호작용 마케팅은 종업원들과 고객간에 이루어지는 활동으로 고객과의 접점 시점에서의 고객만족을 위한 전략을 활용한다.

12. 측정 오차를 줄이는 방법을 5가지 쓰시오.

정답
① 측정 항목의 수를 늘린다.
② 조사에 대해 비성실하거나 일관성이 떨어지는 응답은 조사에서 제외시킨다.
③ 신뢰도에 나쁜 영향을 주는 문항은 제거한다.
④ 시간 제한 등의 조사조건을 균일하게 통제 및 유지한다.
⑤ 중요한 질문은 2회 이상 실시한다.

13. 기업이 고객의 정보를 수집할 수 있는 접촉 시점 5가지를 쓰시오.

정답
① 기업의 이벤트에 참여하며 고객의 정보를 작성할 때
② 기업의 멤버십, 회원 가입할 때
③ 구매 후 배송 등으로 상품을 받을 때
④ 시장조사를 할 때
⑤ 콜센터나 고객센터와 접촉할 때

14. 외부 기관이나 자료 등에서 임의로 수집된 고객 리스트 혹은 시간이 오래 경과 되었거나 반송된 리스트의 주소, 성명, 전화번호 등을 변경된 자료로 교환하는 작업을 무엇이라고 하는가?

정답 리스트 클리닝

15. 가격 세분화의 전제조건을 5가지 쓰시오.

정답
1) 정부의 규제 : 불법적인 형태가 아니어야 한다.
2) 수요상황 : 세분된 시장별로 수요의 강도가 달라야 한다.
3) 원가구조 : 가격세분화로 인한 수익이 비용보다 커야 한다.
4) 경쟁자 상황 : 경쟁사들이 더 낮은 가격으로 판매할 수 없어야 한다.
5) 가격세분화로 인한 고객의 불만족한 감정이 유발되지 않아야 한다.
6) 세분시장에서 저가격에 사서 다른 곳에서 고가격으로 판매할 수 없어야 한다.

16. 스크립트를 활용하는 목적을 3가지 쓰시오.

정답 고객 응대 시 돌발 상황 대처, 서비스 표준화, 생산성 향상, 텔레마케터의 능력 향상, 상담 내용의 일관성 부여, 정확한 효과 측정 등

17. 소비자 대상 판매촉진 전략을 4가지 쓰시오.

정답 | 쿠폰, 컨티뉴어티, 견본, 가격할인, 프리미엄, 컨테스트, 보너스 팩,가격 할인

18. 중간상이 유통경로에 개입하게 될 경우 거래의 총량이 감소하게 되고 제조업자와 소비자 모두에게 실질적인 비용이 감소하게 되는 원칙을 무엇이라고 하는가?

정답 | 총 거래 수 최소화의 원칙

19. CRM 시스템 분류 유형 3가지를 쓰시오.

정답 | 운영CRM, 분석CRM, 협업CRM

20. 고객이 어떤 기업의 상품을 최초로 구입한 날로부터 현재 그리고 미래에 예상되는 그 기업에 제공하게 될 순이익 가치를 무엇이라고 하는지 쓰시오

정답 | 고객생애가치(LTV)

텔레마케팅 관리사 텔레마케팅 실무 [2차 실기]

편 저 자 메인에듀 텔레마케팅관리사 연구회
제작유통 메인에듀(주)
초판발행 2022년 02월 07일
초판인쇄 2022년 02월 07일
마 케 팅 메인에듀(주)
주   소 서울시 강동구 성안로 115, 3층
전   화 1544-8513
정   가 17,000원

I S B N   979-11-89357-35-1   13320